Für Robert Schwan

Herausgeber: Alfred Draxler
Fotoredaktion: Wiebke Eichhorst
Redaktion: Willi Schmitt, Gerhard Peters, Herbert Jung
Artdirection: Hans-Peter Lobmeyer
Layout & Produktion: Anette Broll
Koordination: Christoph Simon, Wolfgang Breustedt
Projektleitung Weltbild: Gerald Fiebig
Umschlagfoto: Pressefoto Bernd König
Satz und Repro: AMOS, Hamburg
Druck und Bindung: MOHN Media • Mohndruck GmbH

Bild

Gedruckt auf chlorfrei gebleichtem Papier
Printed in Germany

ISBN 3-89897-263-1

Franz

Bilder eines bewegten Lebens

Herausgegeben von

ALFRED DRAXLER

Vorwort

Alfred Draxler,
Chefredaktion BILD

Liebe Leser!

Franz, der Kaiser. Mythos und Lichtgestalt. Seit 40 Jahren ein Superstar. Und dennoch oft ein großes, ungelöstes Rätsel.

Welcher Zauber begleitet ihn, daß er aufsteigen konnte vom einfachen Buben aus München-Giesing zu einem der bekanntesten, beliebtesten und einflußreichsten Männer Deutschlands?
Daß er Weltmeister als Spieler und Weltmeister als Trainer wurde und uns als Höhepunkt auch noch die WM 2006 schenkte? Daß uns sogar sein Privatleben seit Jahrzehnten beschäftigt und wir bereit sind wie bei keinem anderen Prominenten, ihm die kleinen und großen Fehler zu verzeihen?

Das Phänomen Beckenbauer – wo das Wort nicht ausreicht, hilft uns die Macht der Bilder vielleicht weiter.

Dieses Buch zeigt uns Franz Beckenbauer so hautnah, wie wir ihn noch nie gesehen haben. Den jungen Franz, der in den Nachkriegsjahren in ärmsten Verhältnissen aufwuchs. Den begnadeten Fußballer, der mit beispielloser Eleganz die Welt faszinierte und zum Kaiser wurde. Den Teamchef, der dem vereinigten Deutschland mit dem WM-Sieg 1990 das erste große Erfolgserlebnis bescherte. Und natürlich den privaten Franz Beckenbauer, der nach einem bewegten Leben endlich zu Hause, bei seiner Familie, angekommen ist.

All dies, seine großen Triumphe, aber auch seine schmerzlichen Niederlagen, sind in diesem Buch vereint. Mit den besten, packendsten, überraschendsten Fotos – viele werden hier zum ersten Mal veröffentlicht, auch ein Reiz dieses Buches. Ergänzt durch Beiträge von Familienangehörigen, Freunden und Weggefährten. Von Bewunderern und Kritikern.

Ein Buch über einen großen Fußballer, einen großartigen Menschen, einen großen Deutschen.

Herzlichst
Ihr

Alfred Draxler

Des Kaisers Jungbrunnen

Familienfoto im Juni 2005 in Oberndorf bei Kitzbühel: Entspannt lehnt sich Franz Beckenbauer zurück, zieht seine Heidi und Tochter Francesca (1½ Jahre) zu sich. Joel (4) legt, ganz wie ein guter Freund, die Hand auf Papas Schulter. Der Kaiser lächelt zufrieden – seine Kinder halten ihn jung.

Hitzeschlacht von Mexiko

Fünf Engländer um ihn herum – doch Franz Beckenbauer kommt zum Schuß. Als Antreiber im Mittelfeld sorgte er, die Stutzen runtergerollt, mit seinem Tor für den Umschwung. Deutschland gewann das WM-Viertelfinale 1970 im heißen Leon nach 0:2-Rückstand noch mit 3:2 n.V.

CINZANO

Er ragte immer heraus

Noch ein Triumph: Bayern hat den französischen Meister St. Etienne im Finale des Europapokals 1976 mit 1:0 geschlagen. Kapitän Franz Beckenbauer reißt die Arme und den Siegerpokal hoch. Auch im Jubel überragte er alle.

Blinder, warum spielst net richtig?

Es brodelt in Franz. Zornesfalten auf der Stirn; Blicke, die töten könnten; ein Wutschrei aus dem verkniffenen Mund – und die ausgestreckten Hände klagen an: Wie kann sich ein Spieler so blind festrennen und die zwei übersehen, die freistehen? Trainer Beckenbauer spürt die Ohnmacht am Spielfeldrand

Wir machen mal Ramba-Zamba

Den jungen Beckenbauer, gerade 18, erkennt man sofort. Aber der Blonde mit den kurzen Haaren – ja, das ist Günter Netzer. Die beiden trafen sich zum ersten Mal bei der Jugend-Nationalelf. Später, bei der EM'72, spielten sie zusammen das Ramba-Zamba-System für Deutschland: Spielmacher Netzer ließ sich fallen, Libero Franz marschierte – der schönste Fußball, den Deutschland je geboten hatte.

Die Schönen von Samoa

So bunt hat es der Franz selten getrieben: Selbst auf Samoa warb er für die WM 2006 in Deutschland. Dazu gehörte natürlich das farbenfrohe Foto mit den schönen Mädchen und starken Jungs. Franz und Mitstreiter Fedor Radmann trugen Wickelröcke.

Here comes The Kaiser

„And now the famous number 6 – Franz Beckenbauer!“ Jeder Cosmos-Spieler lief allein ins Stadion und klatschte die Balljungs ab. Ein bißchen Zirkus, ein bißchen Zauber. Aber die Arena war meistens mit mehr als 70 000 Zuschauer gefüllt.

304
305

Idyll der späten 60er

So sahen sie aus, die Wohnzimmer der Aufstrebenden Ende der 60er Jahre. Beckenbauer demonstrierte Familienglück zwischen Stehlampe, Cordsofa, Perserteppich und rundem Marmortisch. Brigitte zähmte ihr (damals noch braunes) Haar mit einem Stirnband. Franz hält Stefan im Arm, Brigitte den Michael und hinten guckt Thomas

Pelz der frühen Jahre

Na, die zwei wärmen einem das Herz: Franz Beckenbauer im Mantel mit Wolfskragen und Schiebermütze auf der Tribüne. Gerd Müller, der Bomber mit Bart, hat die stämmige Gestalt in einen ganzen Nutria-Fellmantel gesteckt. Todschick, oder?

So singen nur Weltmeister

Ganz ehrlich, keiner der Herren würde bei „Deutschland sucht den Superstar“ was gewinnen. Aber wenn man wie Trainer Beckenbauer und seine Spieler Augenthaler, Reuter, Klinsmann, Mill, Buchwald und Riedle gerade durch ein 1:0 gegen Argentinien Weltmeister 1990 geworden ist – dann darf man schon „We are the Champions“ in die Nacht von Rom schmettern.

Guter Spieler, braver Franz

Der Jüngling Franz am Anfang des Aufstiegs. Er trägt schon den Trainingsanzug mit dem Bundesadler, sein Vereinstrainer Tschik Cajkovski gratuliert ihm in der Kabine und sieht voraus: „Machen Weltfußballer aus dünnen Beckenbauer."

Urlaub fürs operierte Knie

Besonders 1978 forderte der Körper, Beckenbauers Kapital, seine Pflege. Nach einer Meniskus-Operation pausierte Franz (mit Lockenpracht und viel Bart) bei einem Freund in Los Angeles und machte Übungen für das Knie. Die Hunde scheint es auch zu interessieren

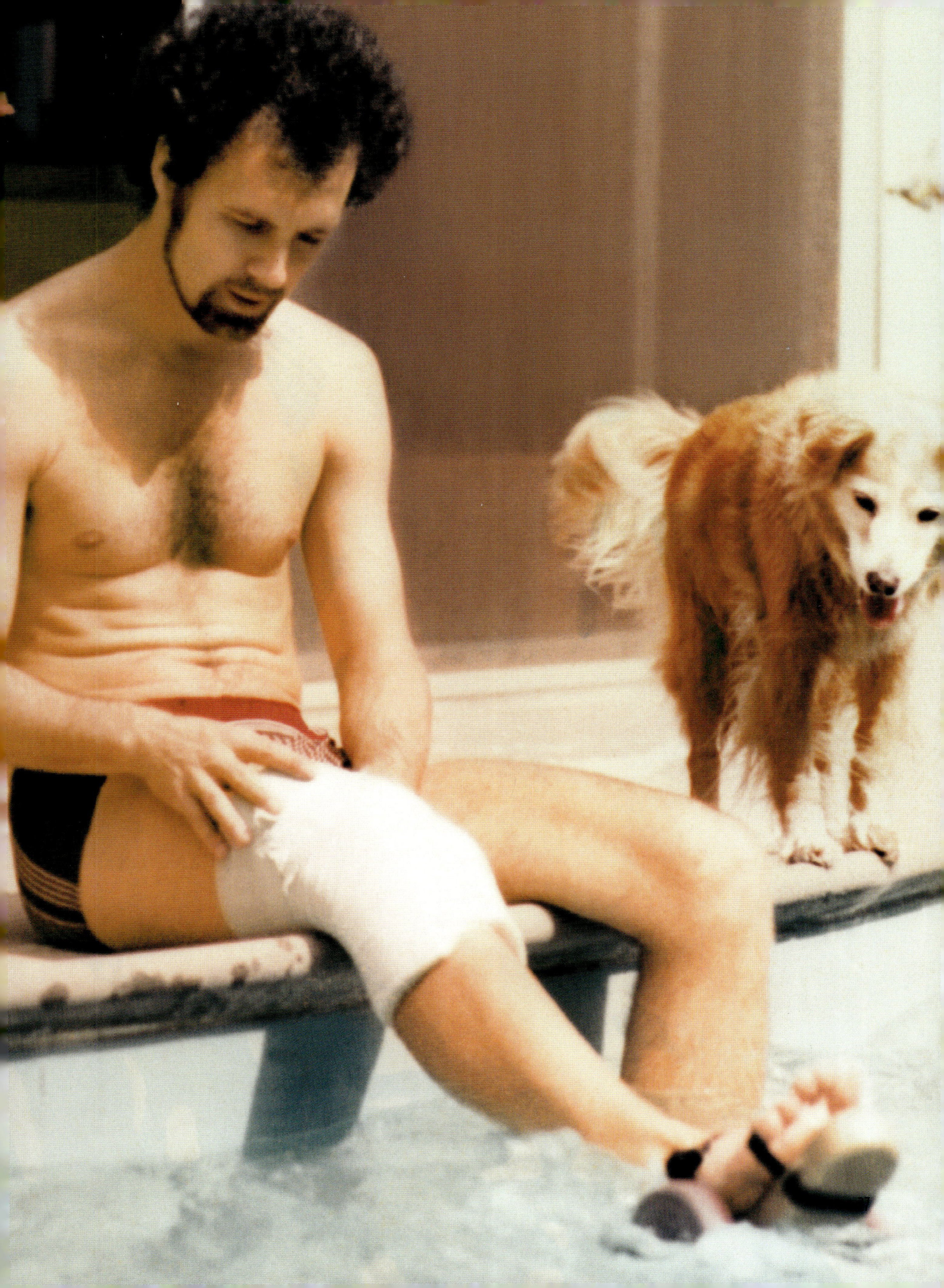

Fritz, Uwe, Franz und Sepp

Vier einfache deutsche Vornamen und vier Legenden: Fritz Walter, Weltmeister '54, Uwe Seeler, Vizeweltmeister '66, Franz Beckenbauer, Weltmeister '74 – die drei Ehrenspielführer der Nationalelf. Daneben Trainerlegende Sepp Herberger, Weltmeister '54. Das war 1966, als Fritz Walter und Herberger zu Gast im deutschen WM-Quartier waren.

Lieber Natur als Feste

Das Foto wirkt wie gemalt: Der Kaiser, strahlend, in einer Wiese mit gelbem Hahnenfuß, dahinter ragen Alpengipfel auf. Beckenbauer liebt lange Spaziergänge mit den Hunden und Bergwandern: „Dafür schenke ich jedes Fest her“, schwärmt er.

Der Rücken des Kaisers

Männerplausch unter der Dusche: Franz Beckenbauer lacht nach einem Spiel von Cosmos New York mit Pelé. Wie man sieht, spielten dort nur stramme Jungs. Das war 1977, die beiden Weltstars spielten in einem Team und wurden Freunde.

Zurück zu den Wurzeln

Der große Franz sitzt im Hinterhof des Hauses in München-Giesing, in dem er aufwuchs. Oben im vierten Stock wohnten die Beckenbauers in drei Zimmern, Toilette auf halber Treppe. Im Hof, in dem der junge Franz kickte, verdeckt Sperrmüll den spärlichen Rasen. „Ich stehe zu meinen Wurzeln", sagt Beckenbauer.

Mutter Antonie, im Juni 2005 stolze 92 Jahre alt geworden, freut sich über den Besuch von Franz an ihrem Küchentisch. Vor jedem Heimspiel der Bayern kommt Franz zu seiner Mutter und bekommt ein Schnitzel serviert

„Als mein Franz noch klein war“

Den 1. Ball hat er sich selbst verdient

Er ruft an. Jeden Tag. Wo immer er ist. Auch von Samoa. Und wenn der Kaiser nach München muß, fährt er auch immer in der Stauffenbergstraße vorbei, steigt die fünf Treppen hoch. Zu Antonie, seiner Mutter – der Liebe seines Lebens, die immer gehalten hat.

„Ja, die Mutter, vor der zieh' ich den Hut", bewundert Franz Beckenbauer. „Die hat bis vor drei, vier Jahren ihre Einkaufstüten noch selbst hochgeschleppt. Obwohl ich ihr immer wieder gesagt hab', das könne sie sich doch bringen lassen."

ANTONIE BECKENBAUER, die Kaiser-Mutter. Sie erinnert sich an die Jugend von Franz

Antonie ist noch vor dem Ersten Weltkrieg (am 24. Juni 1913) geboren und hat im Zweiten den Bombenhagel auf München überstanden – eine der unverwüstlichen Frauen, die Deutschland aus Trümmern wieder aufgebaut und ihre Kinder zu anständigen Menschen erzogen haben. Da sitzt sie am Tisch in der Küche, mit wachen Augen, und schmunzelt in sich rein: „Franz 60 – ich kann's gar net glauben. Die Zeit verging doch viel zu schnell..."

Der Franz und sein Bruder, der Walter, die haben nie gejammert.

Man sieht, wie die 60 Jahre an ihr vorbeiziehen. Nun hakt sie ein: „Der Tag seiner Geburt ist mir noch genau im Gedächtnis. So, als ob es gestern gewesen wäre. Es ging auch um Minuten. Der Franz war eigentlich ganz ruhig gewesen. Aber am Abend des 11. September 1945 spürte ich die Wehen. Und habe nur gedacht: ‚Wie komme ich jetzt schnell ins Krankenhaus?'" Der Krieg war gerade vier Monate vorbei. Die Stadt war zerbombt, Tausende Häuser ragten nur noch als Ruinen aus den Trümmern. Die Männer bückten sich nach den Zigarettenstummeln der amerikanischen Soldaten und klauten Kohlen von Güterwagen; die Frauen fuhren auf die Dörfer, um beim Bauern ein paar Eier zu ergattern. In München ratterten noch keine Straßenbahnen, Taxis gab's überhaupt nicht.

„Da bin ich zu Fuß gegangen – in der Hoffnung, daß das Baby sich noch ein bißchen Zeit läßt", berichtet Antonie Beckenbauer.

„Ich habe das Krankenhaus in der Richard-Wagner-Straße gerade noch rechtzeitig erreicht. Minuten später, genau um 22.25 Uhr, kam der Bub schon zur Welt – ganz ohne Komplikationen, er hat es mir leicht gemacht." Acht Tage später wurde er noch in der Klinik auf die Namen Franz Michael getauft. Franz hieß auch der Vater, ein Postobersekretär.

Mutter Beckenbauer hat alles noch vor Augen: „Mei, die Zeit war hart damals, das kann man sich heute gar nicht mehr vorstellen. Die Baby-Sachen habe ich selbst gestrickt und später gab es auch nur selten etwas Neues." Wieder schimmert dieses zufriedene Lächeln über ihr Gesicht: „Ja, das muß i sagn: Der Franz und sein Bruder, der Walter, die haben nie gejammert. >> SEITE 41

Auf kräftigen Füßen

Mutter Antonie lächelt stolz bei einem Spaziergang durch Giesing: Ihr Franz konnte schon mit neun Monaten laufen. Rechts ihre Cousine Anna Hupfauf

Franz und Antonie: Hochzeit war 1937

Antonie Vetterle und Franz Beckenbauer heirateten 1937 in der Kirche Königin des Friedens in München. 1941 wurde Sohn Walter geboren. 1945 folgte Franz junior, ein anfangs dunkelblonder Bub

Franz in Weiß

Familienausflug 1950: Franz und sein großer Bruder Walter (rechts) mit zwei Cousinen. Wie kritisch er da schon schaut

Einfach liebe Buben. Aber sie haben sich auch nix gefallen lassen. Nach einer Rauferei kam Franz einmal mit heruntergerissenem Ärmel heim. Am nächsten Tag beschwerte sich meine Kollegin Emma – Franz hatte ihrem Sohn gleich beide Ärmel zerrissen. Das war wie später auf dem Fußballplatz. Da hat er sich auch immer gewehrt."

Franz, der Furchtlose. Im Prinzip ja. Aber da flüstert Mutter Antonie ein Geheimnis ins Ohr, das sie jetzt zum ersten Mal verrät: „Na ja, der Franz ist nie allein in den Keller, wenn er mal Kartoffeln oder sonstwas holen sollte. Er hatte Angst, in dem Gewölbe wartet ein Mörder. War halt auch schaurig da unten."

Da war der Knabe Beckenbauer lieber draußen, möglichst schnell. „Wenn er sich zum Kicken auf die nahe Wiese verabschiedete, war er unten, bevor ich von der Tür ans Fenster kam. Die Nachbarn haben ihn ‚Akute' genannt. Das kam vom Krieg. Da mußten wir bei „akuter Luftgefahr" schnell in den Luftschutzkeller."

Schnell war der Franz auch in der Schule: „Der konnte während der Stunde einfach nicht auf der Bank sitzen bleiben. Immer wieder ist er aufgestanden und durch das Klassenzimmer gelaufen." Frau Henzler, seine Lehrerin, hat Mutter Antonie oft gebeten: „Sprechen's mit dem Bub, bittschön", aber der blieb taub. „Bis mir ein Trick >> SEITE 46

Auf zum Kirchgang

Mutter Antonie hat ihre Söhne Walter und Franz im Winter 1951 für den Kirchgang warm angezogen. Wegen der Mütze bekam Klein-Franz Riesen-Ärger. Weil er den Bommel nicht mochte, schnitt er ihn einfach ab

Mutterliebe hoch zwei
An ihrem 90. Geburtstag genießt Mutter Antonie mit geschlossenen Augen die Küsse ihrer Söhne Walter und Franz

Von WALTER BECKENBAUER

Franz urteilt mit den Augen

Walter Beckenbauer, Jahrgang 1941, leitet in München eine Firma für Druckvorlagen, verheiratet in 2. Ehe

So ein Eierkopf", war mein Kommentar, als ich meinen Bruder Franz zum ersten Mal gesehen habe. Ich war vier Jahre alt und natürlich eifersüchtig. Doch das hat sich schnell gelegt. Ich kann mich bis heute nicht erinnern, daß wir jemals einen richtigen Streit hatten.

In unserer Kindheit war, wie bei fast allen damals, das Geld knapp. Dennoch kann man von einer Kindheit, wie wir sie hatten, nur träumen.

Wenn wir Älteren gekickt haben, durfte Franz den Ball vom Tor-Aus zurückkicken. Und weil er das als Kind schon richtig gut konnte, durfte er manchmal bei uns einspringen.

Zum Glück war Franz auch in der Schule kein Streithansl, denn ich war so dünn wie eine Bohnenstange und hätte ihm gar nicht helfen können.

Mit 18 kam er unter die Fittiche von Robert Schwan, und damit endete unser intensiver Kontakt. Der Manager saß wie eine Glucke auf Franz und hat ihn nicht rausgelassen. Erst als er nach New York ging, normalisierte sich unser Verhältnis wieder.

Franz urteilt mit den Augen. Wenn er sie rollt, dann hast du eine 6! Bei einem Gaudispiel mit Gerd Müller und Bulle Roth hat er mich nach einem Fehlpaß mit den Augen bestraft und ich habe daraufhin keinen Ball mehr getroffen. Er hat die Latte im Leben sehr hoch gelegt – vor allem für sich.

Dennoch ist Franz Mensch geblieben. Trotz Auszeichnungen, Trubel, Popularität. Und es gibt ganz wenige in seiner Position, von denen man das sagen kann. Er ist humorvoll, aber manchmal auch schweigsam. Dann muß man ihn lassen …

10
15
7
21
13
4
12
18
3
1
5
2
16
6

Franz und seine Familie 1949

Im Elternhaus von Franz traf sich 1949 die ganze Familie zur Feier des 70. Geburtstages seiner Großmutter Katharine (Mitte). Kurios: Franz, der damals kein Freund von Fotos war, senkt als einziger den Kopf.

Die Gäste der Familienfeier:

1. Franz Beckenbauer
2. Mutter Antonie
3. Vater Franz sen.
4. Bruder Walter
5. Oma Katharine, Mutter des Vaters
6. Onkel Hans, Bruder des Vaters
7. Cousin Hans, Sohn von Onkel Hans
8. Onkel Josef „Peps“, Bruder des Vaters
9. Tante Lina, Frau von Onkel „Peps“
10. Onkel Alfons, Bruder des Vaters
11. Tante Paula, Frau von Onkel Alfons
12. Cousine Helga, Tochter von Onkel Alfons
13. Cousine Erika, Tochter von Onkel Alfons
14. Onkel Ludwig, Bruder des Vaters
15. Tante Maria, Frau von Onkel Ludwig
16. Tante Emmi, Schwester der Mutter
17. Tante Käthi, Schwester des Vaters
18. Cousine Hilde, Tochter von Tante Käthi
19. Tante Traudl, Schwiegertochter von Onkel „Peps“
20. Cousin Franz, Sohn von Tante Frieda, die fotografierte
21. Cousin Alfred, Sohn von Tante Frieda, Schwester des Vaters
22. Tante Paula, langjährige Freundin der Familie
23. Hans Schelle, Freund der Familie

Eine Kerze und ein Pflaster

Zur Kommunion seines Bruders Walter (mit weißer Kerze) 1951 kam Franz mit einem Pflaster am Kopf: Er hatte Mädchen mit seiner Angel beim Spielen gestört und daraufhin einen Stein an die Stirn bekommen. Hinten: Antonie mit ihrer Mutter Maria und Stiefvater Karl. Unten: die Heilig-Kreuz-Kirche, in der Franz getauft wurde

einfiel. Ich hab' zu ihm gesagt: Franz, wenn es nicht besser wird, dann mußt du zu dem strengen Lehrer! Das hat gewirkt. In Zukunft ist er sogar in den Pausen sitzen geblieben."

Ein Problem gelöst, aber da wartete schon das nächste – und offenbarte: Der Junge hatte einen Dickkopf, und den hat er sich ja bis heute erhalten. Die Mutter: „Manchmal ging Franz mit mir einkaufen. Eines Tages blieb er wie ein Bock vor dem Metzgerladen stehen, wollte nicht mehr rein. Hinterher hat er mir es endlich erzählt, warum. Sein Freund, ein Buchdrucker-Sohn, bekam täglich 50 Gramm Hirnwurst. Bei uns gab es höchstens Kartoffeln und Gemüse. Und einmal in der Woche kam Fleisch auf den Tisch. Der Metzger erbarmte sich hin und wieder und gab Franz eine Scheibe Wurst. Die letzte war alt und Franz warf sie einem Hund hin. Franz hat an allem, was er gegessen hat, vorher gerochen. Deshalb nannte man ihn auch ‚Lupo', den Wolf."

Die feine Nase, später hat der Beckenbauer ja auch auf dem Fußballplatz gerochen, wohin der Ball rollt …

Doch für die Jungs damals war das eine echte Preisfrage: Woher einen Ball nehmen? Die traten gegen zusammengeschnürte Lumpen oder Dosen, und der Besitzer eines Tennisballs wurde sofort zum Kapitän gewählt. Franz und sein Bruder haben Zeitungen ausgetragen und Altpapier gesammelt – so lange, bis sie die paar Mark für einen Lederball zusammen hatten. Alte Skistiefel ließ er oben abschneiden und so zu Fußball-Stiefeln umarbeiten. Die ersten echten Fußball-Schuhe bekam unser Kaiser mit 11 bei einer >> SEITE 48

Fußball ist unser Leben …

In jeder freien Minute ging Franz (vorn) mit Bruder Walter (rechts) und Cousin Alfred auf die Martinswiese zum Fußballspielen, zur Not auch in Schulkleidung und mit Straßenschuhen

Fußball-Schüler

Franz (Kreis) 1956 mit seiner Schülermannschaft vom SC 1906 München. Damals spielte er im Sturm. Rechts hinter ihm sein bester Freund Wolfgang Steiner

Weihnachtsfeier seines Vereins SC 1906 München. Ein Zuschauer hatte das Talent des Jungen erkannt. Sozusagen Franz' erster Sponsor.

Antonie war besorgt um ihren Buben: „In seiner Mannschaft war er lange Zeit der Kleinste. Als er sich mit 15 bei einem Geschäft in der Innenstadt von München zur kaufmännischen Lehre vorstellte, meinte der Chef: „Was willst denn du, du kannst ja nicht mal auf den Schreibtisch schauen." Mein Mann hat immer gesagt: „Da kommt unser Stumpen!"

Zufrieden trinkt die Mama einen Schluck Kaffee. Langsam, mit Genuß. Wie jemand, der noch den Geschmack von Muckefuck (so hieß der Ersatzkaffee) auf der Zunge hat. Den Stolz kann ihr keine nehmen: Aus dem Stumpen ist Deutschlands größter Fußballspieler geworden.

Antonie erzählt weiter: „1960 sind wir in die Stauffenbergstraße gezogen, in den 5. Stock. Das war Luxus gegenüber Giesing, wo es im 4. Stock oft kein Licht gab und die Toiletten noch zwischen den Stockwerken waren. Da hat sich der Franz immer beklagt, daß es im Winter so kalt war. Aber jetzt hatte jeder der Buben sein eigenes Zimmer."

Der Franz war jetzt 17, lernte bei einer Münchner Versicherung, war ein schlankes Bürschchen mit leicht lockigem Haar und einem hübschen Gesicht. Er spielte Fußball und poussierte mit Mädchen – beides fiel ihm leicht. Aber: „Mein Mann achtete sehr darauf, daß die Buben spätestens um 10 Uhr abends zu Hause waren. Das ging bis zum 18. Geburtstag so. Als er eines Abends um 22 Uhr noch nicht daheim war, habe ich zu meinem Mann, der strenger war als ich, gesagt: ‚Wenn es klingelt, mache ich auf.' Ich wollte halt nicht, daß es laut wird. Kurz vor Mitternacht kam der Franz dann: „Ich habe ihn geschimpft, denn er mußte ja am nächsten Morgen schon um 6 Uhr wieder raus. Ich hab' ihm gesagt: Bua, in der Nationalmannschaft zu spielen ist doch eine Ehre! Da ist er schnell ins Bett geschlichen."

Der Mama, das hat sich Beckenbauer sein ganzes Leben gemerkt, widerspricht ein guter Junge nicht. Sie meint's ja nur gut. Immer!

Schritt zurück ins Damals

Durch diesen Zaun war Franz als Kind immer auf den Sportplatz des SC 1906 München gestiegen. Rund 25 Jahre später stellte er als Weltstar den Schritt noch einmal nach. Oben links unterm Dach (Pfeil) war die Wohnung der Familie Beckenbauer. Franz und sein Bruder hatten die Latten rausgebrochen, weil sie nicht um den ganzen Platz zum Eingang laufen wollten

Kl.

Die „Giesinger Schürzenjäger"

Die Klasse 6 der Giesinger Silberhorn-Schule. Alle haben für den Handwerksunterricht eine Schürze angelegt. Aufgabe: Eine Krippe für Weihnachten basteln. Der Lehrer tadelte Franz (vorne, 2.v.l.): „Deine Krippe sieht aus wie ein Vogelhäuschen!" (Das Schild bedeutet „Klasse Silberhorn")

Kleiner Franz, großes Rad

Franz war in seiner Jugend immer der Kleinste. Vielleicht fuhr er (Kreis) darum 1956 beim Ausflug mit seiner Mannschaft vom SC 1906 München das größte Fahrrad …

Seine erste Schule

1951 wurde Franz in die St.-Martin-Schule (rechts) eingeschult

Sein Bolzplatz

Unweit der St.-Martin-Schule (hinten) lag der Fußballplatz des SC 1906 München

Hut ab!

Franz grüßt beim Fasching 1961. Sein Freund Wolfgang Steiner hat sich im Karo-Look verkleidet, Franz mochte das Verkleiden noch nie besonders

Einer mit weißer Weste …
Lässig posieren die Spieler der bayerischen Jugendauswahl nach dem Spiel. Das Trikot des jungen Mannes ganz links ist bei weitem nicht so verdreckt wie die anderen. Franz liebte schon damals das „körperlose Spiel“ mit Köpfchen

Der erste Führerschein

Eigentlich gab's den Führerschein erst ab 21 Jahren. Aber als Nationalspieler durfte Franz 1965 per Sondergenehmigung schon mit 20 seine erste Fahrerlaubnis unterschreiben

Post ohne Ende

Vater Franz, von Beruf Postobersekretär, bearbeitete mit seiner Antonie lange die Fanbriefe für Franz (wie hier nach dem WM-Sieg 1974). Seit dem Tod von Franz sen., der 1977 an Krebs starb, macht Antonie die Fanpost allein

Ausflug ins Allgäu
Der strenge Jugendtrainer Rudi Weiß machte mit den Spielern auch mal Ausflüge in seinem Borgward, hier 1958 nach Oberjoch im Allgäu. Franz lehnte sich lässig ans Auto

Rudolf Weiß, Jahrgang 1930, förderte Franz als Jugendtrainer bei Bayern München. Er ist heute im Ehrenrat des Vereins

Von RUDOLF WEISS

Ich mußte ihn in die Reserve versetzen

Sechs Jahre lang habe ich Franz Beckenbauer beim FC Bayern und nebenbei in meiner Freizeit trainiert. Vielleicht habe ich ihn vom Diamanten zum Brillanten geschliffen. Die Arbeit mit diesem großartigen Talent hat viel Spaß gemacht, war aber nicht immer leicht …

In der Schüler-Mannschaft war er als Mittelstürmer nicht zu halten. Auch in der B-Jugend war er den Gleichaltrigen weit überlegen, weshalb ich ihn schon bald in die A-Jugend einbaute. Zunächst spielte er Außenstürmer, wo er mehr Platz hatte und seine überlegene Technik ausspielen konnte, ohne ständig von den körperlich stärkeren Gegnern umgehauen zu werden.

Franz war so variabel, daß er auf allen Positionen eingesetzt werden konnte – einschließlich Torhüter.

Ein Manko hatte er – er war jähzornig. Bei Fehlern seiner Mitspieler oder Fehlentscheidungen der Schiedsrichter reagierte er mit abwertenden Handbewegungen. Im vorletzten A-Jugend-Jahr hatten wir eine nur mittelmäßige Mannschaft. Franz mäkelte: „Was wollen wir denn mit den Schwammerln?" Ich habe dann viel mit ihm über Disziplin und bewußten Einsatz diskutiert. Als er sich nicht besserte, habe ich ihn längere Zeit in die Reserve versetzt. Er hat einige Zeit gebraucht, aber dann hat er in der 2. A-Jugend und im Training mit seinem Einsatz voll überzeugt und seine Klasse anschließend auch in der 1. Jugend bewiesen. Im letzten Jugend-Jahr habe ich ihn zu einer wesentlichen Rollenänderung überredet. Es war der Weg hin zum Libero. Bei starken Gegnern beherrschte er den Raum hinter den Manndeckern, bei schwachen ging er mit in die Spitze. Ich wollte ihn damit auch vor Verletzungen und Platzverweisen schützen.

Vieles, was ich ihm zu vermitteln versucht habe, ist offenbar hängengeblieben. Viele Sätze aus seinen Interviews als Teamchef sind mir bekannt vorgekommen …

Mit bebendem Herzen ...

Franz beim Engtanz auf der Faschingsfeier 1960. Sein Herz schlug in diesen Jahren für seinen Schwarm Hannerl Gerold (kl. Foto rechts)

Fußball-Kultur

Keiner kann's wie Franz. Elegant schlenzt er einen Paß am völlig verdutzten Branko Oblak vorbei (aus Deutschland – Jugoslawien 2:0, WM 1974)

Der Fußball-Kaiser

Goldener Tag

7.7.1974, Franz Beckenbauer ist in seiner Heimatstadt München Weltmeister geworden. Der Höhepunkt seiner Spieler-Karriere. Rechts klatscht Torwart Sepp Maier

Die erste Meisterschaft

7.6.1969, im Regen an der Grünwalder Straße freut sich der 23jährige Franz Beckenbauer über seine erste Deutsche Meisterschaft mit dem FC Bayern

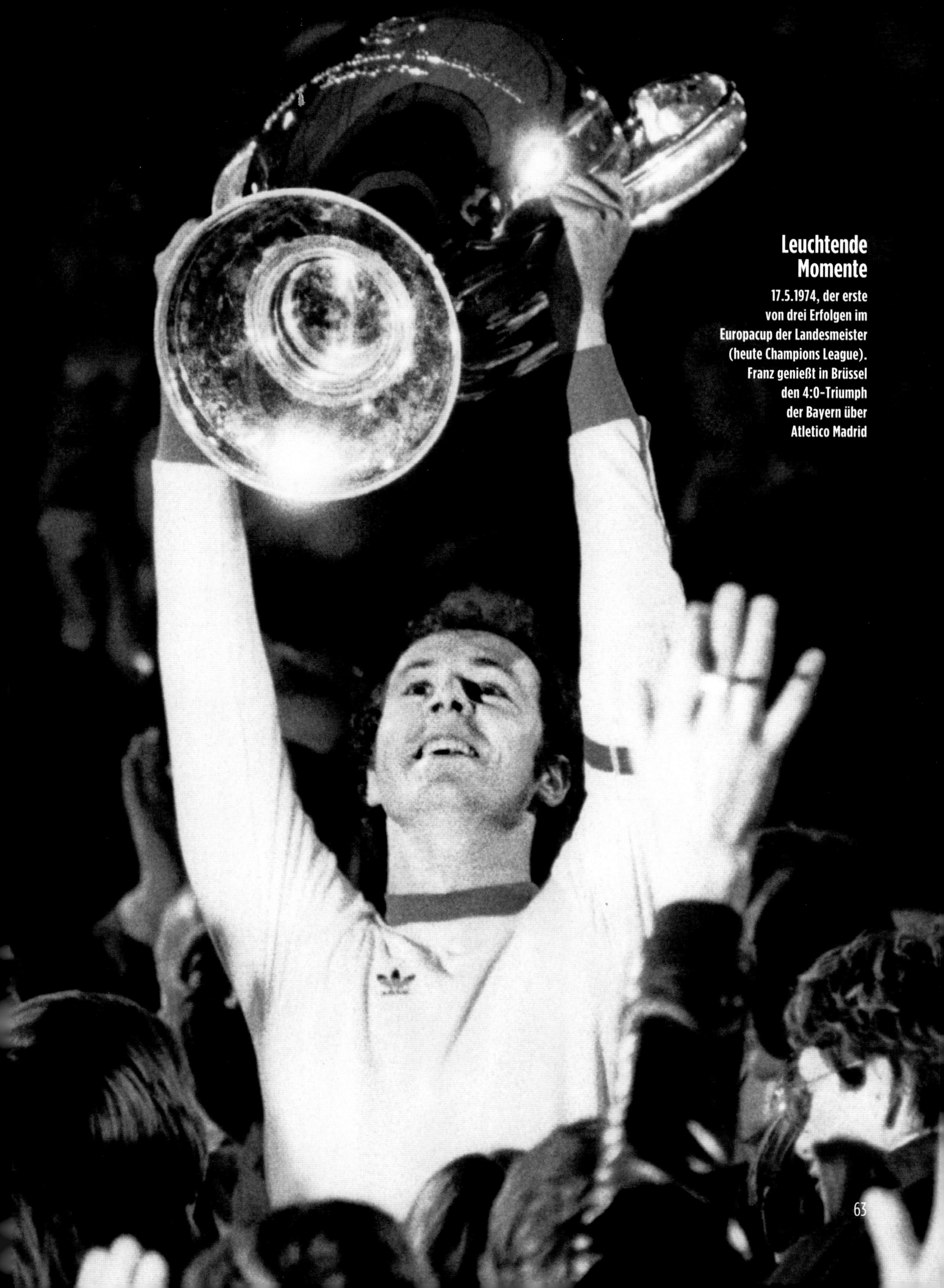

Leuchtende Momente

17.5.1974, der erste von drei Erfolgen im Europacup der Landesmeister (heute Champions League). Franz genießt in Brüssel den 4:0-Triumph der Bayern über Atletico Madrid

Bei ihm lernte der Ball Gehorsam

> *Er gehört zu den Unerreichten wie di Stefano oder Pelé*
>
> Alt-Bundestrainer Sepp Herberger

Der Ball fliegt in den Strafraum. Schwitzende, kräftige, kantige Männer hecheln, springen, rennen dem Objekt der Begierde entgegen. Sie schubsen, zerren, treten. Einer, Trikot und Haare noch trocken, macht einen kleinen Schritt nach vorne. Er hält den Kopf schon oben, die anderen schauen noch nach unten. Der Ball, sonst tückisch und widerspenstig, fällt dem einen vor die Füße – als hätte er nie ein anderes Ziel gekannt. Der eine, immer noch kerzengerade, holt nur kurz mit dem rechten Bein aus, die Kugel hüpft gehorsam auf den Spann und schwebt weiter, in einem fein gezirkelten Bogen über die Menschenleiber, in den Lauf eines Mitspielers. Der eine löst sich aus dem Knäuel, beschwingt wie ein Tänzer, mit eleganten Schritten strebt er nach vorne, zum Tor des Gegners. Gleich wird er den Ball fordern, seinen Freund.

Der eine, das kann nur Franz Beckenbauer sein, so wie ihn Millionen erlebt haben. Der Fußball wie ein Kunststück zauberte und zelebrierte. Der scheinbar alles leicht und locker aus dem Fußgelenk schüttelte. Der statt gemeiner Gräzschen edlen Genuß bot.

Vielleicht liegt's an seinen Anfangsbuchstaben F und B (wie Fuß und Ball), so vermutete der Sportreporter und Kabarettist Werner Schneyder. Oder daran, daß er als kleiner Junge mit Ball und Fußballstiefeln ins Bett ging und für diese frühe Liebe reich entlohnt wurde. Oder „einem Talent, das man nur vom lieben Gott persönlich in die Wiege gelegt bekommen kann", wie ein Verehrer inbrünstig schrieb.

Selbst seinem getreuen Vorstopper „Katsche" Schwarzenbeck blieb der Begnadete ein Rätsel: „Von Haus aus hat er den Ball nie angeschaut, sondern gefühlt." Und der Fernsehreporter Ernst Huberty schwärmte: „Wenn er schießt, dann bekommt der Ball Augen und weiß, wo er hin muß." Das Geschick eines Jongleurs und der Blick eines Feldherrn, dazu beinahe hellseherisches Vorausahnen von Spielzügen und der anspornende Zorn des Mächtigen – nie zuvor oder danach hat Deutschland einen Besseren bewundern dürfen.

Mit 5 hat er alles gegen Hauswände gedroschen, was vor seinen Füßen lag, auch Dosen und kleine Steine. Mit 6 durfte er, der schmächtige Franzi, bei den Großen mitspielen. Mit 8 nahm ihn der Trainer des SC 1906 München auf, obwohl erst 10jährige um Punkte kämpfen durften. Mit 13 schoß er als Mittelstürmer Dutzende von Toren. Mit 17 sprach ganz München davon, daß beim FC Bayern ein Riesentalent heranwachse. Mit 18 bekam er seinen ersten Vertrag (160 Mark Grundgehalt). Mit 19 war er Nationalspieler, mit 20 Vize-Weltmeister, mit 23 zum ersten Mal Deutscher Meister, mit 27 Europameister, mit 29 war er Weltmeister.

Klingt, als wäre beim Glückskind Franz alles glatt gelaufen. Doch seine Karriere hatte Brüche; ein paarmal hat er daran gedacht, alles hinzuschmeißen. >> SEITE 66

Eine Handbreit über dem Boden

Er schwebt, wo andere treten – mit dieser Eleganz machte Franz Beckenbauer Fußball zum Genuß. Daß er den Ball erst hinter der Linie erwischte, war nicht so schlimm: Die Bayern standen schon vor dem 1:1 gegen Köln am letzten Spieltag 1973 als Meister fest

Sein erstes Bayern-Spiel

Mit 18 Jahren spielte Franz zum ersten Mal in Bayerns erster Mannschaft. Als Linksaußen traf er beim 4:0 gegen den FC St. Pauli in der Bundesliga-Aufstiegsrunde 1964

Für Werbung und Waldi

Franz wußte: Ohne sportlichen Erfolg kein Werbegeld. Also auf zum Lauftraining, Sepp Maiers Dackel Waldi lief vorneweg

→ Zum Beispiel, als ihn der Jugendtrainer der Bayern in die zweite Mannschaft strafversetzte, weil Beckenbauer oft moserte, abwinkte, stehenblieb und lustlos kickte, wenn die anderen patzten. Solche – in seinen Augen – Nichtskönner beschimpfte der Könner auch später gern als „Schwammerl" (Pilze), „Würschtl" (Würste), „Wimmerl" (Pickel) oder einfach als „Blinde". „Sein Blick war furchterregend", schüttelt es heute noch den Schwarzenbeck, „ein Wort dagegen, und er wäre explodiert."

→ Zum Beispiel, als er mit 18 Vater wurde und ihn die DFB-Funktionäre wegen „unmoralischen Lebenswandels" aus der Jugend-Nationalelf entfernen wollten. Aber Bundestrainer Helmut Schön und Assistent Dettmar Cramer fanden einen hochmoralischen Ausweg. Bei Lehrgängen mußte Franz mit in Cramers Zimmer übernachten, damit er nicht zu Mädchen verschwinden konnte. Jeden Abend fragte Franz brav: „Trainer, soll ich noch einen Witz erzählen, bevor wir einschlafen?"

→ Zum Beispiel, als die Steuerfahndung im Januar 1977 sein Haus auf den Kopf stellte und 1,8 Millionen Mark nachforderte.

→ Zum Beispiel, als er 1977 zu Cosmos New York wechselte (auch wegen privater Wirrnisse, hin- und hergerissen zwischen seiner Frau Brigitte, der Mutter von zweien seiner drei Söhne, und Diane, seiner Geliebten). Da verlangte Bayern >> SEITE 68

Talent am Zug

Er wirkt noch jungenhaft, macht aber schon große Sprünge. Mit 20 Jahren ist Franz Bundesligaspieler, Nationalspieler – und auch schon Vater

Seine erste WM

Mit 20 Jahren war Franz Stammspieler bei der WM 1966 in England, machte alle sechs deutschen Spiele und schoß vier Tore

plötzlich 1,75 Millionen Mark Ablöse. Beckenbauer mußte 350 000 Mark aus eigener Tasche zahlen.

Aber er hat immer weitergespielt, sogar bis 37 beim HSV in Hamburg (mit dem er auch noch einmal Deutscher Meister wurde). Die Natur hatte den Franz gesegnet, wie DFB-Masseur Deuser erfühlte: „Du bist so ideal strukturiert, daß du nur einen halb so großen Gelenk-, Muskel- und Lungenverschleiß hast wie andere."

Das allein hätte nicht gereicht. Wie viele Talente sind versumpft – wegen Frauen, Alkohol, falschen Freunden, der eigenen Dummheit. Beckenbauer war gescheit und (jedenfalls beim Fußball) verbissen. Gescheit, weil er früh begriffen hatte, daß Gedanken und der Ball immer schneller sind als alle Beine. „Seine Stärke lag vor allem in einer sehr präzisen Vorstellung von dem, was passieren sollte", urteilt Bayerns Ministerpräsident Edmund Stoiber, der oft neben dem Kaiser auf der Tribüne sitzt. Bedeutete also, da stehen, wo der Ball hinkommt, und nie blind wegdreschen. Zäh feilte der geschmeidige Franz an seiner

Schlaf gut, Franz

Wie ein Vater beugt sich „Tschik" Cajkovski über den schlafenden Franz. Er trainierte ihn von 1963 bis 1968

Der erste Europacup

Schüchtern lächelt Franz beim Empfang in München nach dem Gewinn des Europapokals der Pokalsieger 1967. Links Sepp Maier, rechts Bayern-Trainer Cajkovski

Technik, bis er 25mal hintereinander den gleichen Fleck traf. Er war oft der erste beim Training, übte damit den himmlischen Gleichklang: „Vom lieben Gott habe ich wahrscheinlich das Talent, aber von mir selbst den Ehrgeiz." Voller Abscheu erzählt er von dem dicken Jungen, der in der Jugend seine Tore mit der Stiefelspitze schoß – igitt, „mit der Pike, dös mußt dir amal vorstelln".

Der Tenor Luciano Pavarotti, ein Meister seines Fachs und verrückt nach Fußball, hat den Fleiß des anderen Genialen so gewürdigt: „Ein Paß von Franz ist wie ein hohes C eines Sängers, das die Zuschauer von den Sitzen reißt. Beides erfordert ungeheures Training, ist aber ohne Begabung nicht zu schaffen."

Und mit viel Glück. Beckenbauers besonderes Glück war fast kugelrund und hieß Tschik („Stummelchen") Cajkovski, ehemaliger jugoslawischer Nationalspieler, sein erster Profitrainer bei Bayern. Der betrachtete den Jungspund zwar entsetzt: „Sie Bohnenstange, unten nix, Mitte nix, oben nix. Sie mehr essen. Nix Frauen, nix Rauchen, >> SEITE 72

Der Kopf der Abwehr

Beckenbauer wurde in seiner ersten Bundesliga-Saison meist als Stopper eingesetzt. Auch Löwen-Torjäger Rudi Brunnenmeier bekam keinen Stich, die Bayern gewannen das Derby im Oktober 1966 3:0. Links Kapitän Werner Olk

nix Saufen." Einige Tage später versprach Tschik: „Sie aus Schlagsahne, ich machen bald Beton." Er stellte den gelernten Stürmer als Mittelläufer auf, damals eigentlich nur ein Ausputzer. Tschik empfahl aber, nach italienischem Vorbild, bei eigenen Angriffen flink mit nach vorne zu stoßen.

Der freie Mann, der Libero, war erfunden – Franz auf den schlanken Leib geschrieben. Er konnte erst mal abwarten, wie der eckige Schwarzenbeck die Mittelstürmer des Gegners ausbremste, selbst das dickste Getümmel meiden, sich das Bällchen schnappen und losziehen. Der Libero hat sich in 19 Jahren nie eine Rote Karte eingehandelt, obwohl auch er mit Ellenbogen austeilen konnte. Allerdings kassierte er viele Gelbe Karten, meist wegen Meckerns.

„Ah, geh!"

Die typische Handbewegung. Viele, die den Ansprüchen des „Kaisers" nicht genügten – oft Schiedsrichter, auch Mitspieler – mußten sich diese wegwerfende Geste gefallen lassen

Beckenbauer, der Gentleman am Ball, hat diesen Sport veredelt, vom Proletenvergnügen zum Gesellschaftsereignis erhoben. Seine Bayern trieb er zu vier Deutschen Meisterschaften, drei Pokalsiegen und drei Siegen im Europapokal der Landesmeister (heute Champions League). Sein Donnerwetter bei der WM 74 nach dem schlappen 0:1 gegen die DDR hat wie eine Frischzellenkur gewirkt – die Westdeutschen wurden Weltmeister. Bis dahin sind häufig die kaiserlichen Schuhe durch die Kabine geflogen.

Der andere Beckenbauer, der Zornrote, der 1974 sogar seinen Freund Günter Netzer aus der Mannschaft drängte, weil er Overath als giftigeren Kämpfer einschätzte. „Verlieren hat der Franz nie können", verrät sein Bruder Walter. „Nicht mal als kleiner Bub. Da hat er noch den ganzen Tag geschimpft."

Genie und Wut, wie eine Granate mit scharfem Zünder, haben ihn an die Weltspitze getragen und mit Lob überhäuft. Eine Auswahl:

„Noch Jahre später dachte ich: Das ist der beste Fußballer, gegen den ich je gespielt habe."

Englands Bobby Moore nach dem 1:3 in London 1972

„Es gab nichts, was er nicht konnte."

Wolfgang Overath

„Er gehört zu den Unerreichten wie di Stefano oder Pelé."

Alt-Bundestrainer Sepp Herberger

„Mann gegen Mann hatte kaum ein Spieler gegen ihn eine Chance." *Pelé*

***

Der Unerreichte schaut heute aus offenen grünbraunen Augen durch die randlose Brille, als hätte er eben Märchen gehört. Soviel Weihrauch ist ihm peinlich: „A geh, ich hab' doch auch Fehler gemacht." Sicher, viele Eigentore, sogar zwei in einem Spiel. Der Kaiser geht zur Tür, die Füße leicht nach innen, ein bißchen schlurfend, Fußballergang. Schlank ist er. Vor der Tür liegt ein Ball (von den Kindern), der soll aus dem Weg, am besten die 15 Meter weit ans Ende des Rasenstücks. Kurz angeschnippelt, mit dem Außenrist natürlich, dann liegt der Ball wie gewünscht. Franz liebt Ordnung.

Der eine eben.

Böser Blick, schöner Paß

Wenn's nicht lief, guckte Franz grimmig – doch sein Paß in die Tiefe sieht immer noch herrlich beschwingt aus

Auf dem Weg nach oben

Der Beginn eines langen, erfolgreichen Weges: Franz und Neuling Berti Vogts mit Kapitän Willi Schulz (Mitte) vor dem EM-Qualifikationsspiel in Belgrad 1967

Berti Vogts, Jahrgang 1946, wurde als „Terrier" der deutschen Abwehr Weltmeister 1974, als Bundestrainer Europameister 1996

Von BERTI VOGTS

Der DFB hatte moralische Bedenken

Es war das Frühjahr 1964. Zum ersten Mal traf ich auf Franz beim Jugendauswahlspiel Westdeutschland gegen Süddeutschland.

Dann hatten wir unser erstes gemeinsames Länderspiel: Jugendnationalmannschaft gegen die Schweiz. Franz schoß beide Tore. Er war rechter Läufer, ich dahinter rechter Verteidiger.

Doch um ein Haar wäre seine Laufbahn schon beendet gewesen, bevor sie überhaupt begonnen hatte.
Einige DFB-Funktionäre und Landesfürsten wollten unbedingt die Nationalmannschaftskarriere von Franz verhindern.

Die Begründung: Es gab gewaltige moralische Bedenken und Vorbehalte. Den Funktionären paßte es nicht ins Weltbild, daß Franz mit seinen 18 Jahren schon Vater war. Daß er bereits einen unehelichen Sohn hatte.

DFB-Jugendtrainer Dettmar Cramer ist es zu verdanken, daß aus dem jungen Franz doch noch der Fußball-Kaiser werden konnte. Er hat dafür gesorgt, daß Franz doch in die Jugend-Nationalelf berufen wurde.

Franz erzählt noch heute gern die Geschichte, daß er im Trainingslager sogar in Cramers Zimmer schlafen mußte, damit er ja nicht auf dumme Gedanken kommt ...

Unser erstes gemeinsames A-Länderspiel machten wir dann 1967 in Rumänien. Nach der gemeinsamen Spieler-Karriere folgte die gemeinsame Trainer-Arbeit.
Franz hatte immer grenzenloses Vertrauen zu mir. Auf meine Empfehlung machte er 1986 Horst Köppel zu seinem Assistenten. 1988 dann Holger Osieck.

Es war wie schon früher auf dem Platz: Ich habe Franz den Rücken freigehalten, und ich habe es gerne getan.

Der Gentleman am Ball

Lächelnd macht Franz einen Foto-Spaß als „Gentleman am Ball“ mit. So stützte er sein werbeträchtiges Image als Künstler des Fußballs

Er macht aus Suppe Geld

Nach der WM in England tütete Manager Robert Schwan den ersten Werbevertrag ein – für Suppe. Franz verdiente 12000 Mark

Der Trainer und sein Juwel

Bundestrainer Helmut Schön erkannte den Wert des WM-Neulings aus München und nahm den 20jährigen Franz auch mal in den Arm

Vier Tore lassen Franz strahlen

Mit einem Lächeln eroberte er die Welt. Bei seiner ersten WM 1966 brillierte Franz im Mittelfeld und schoß vier Tore (links beim 4:0 gegen Uruguay)

Hart auf hart

Der elegante Franz konnte sich auch wehren. Im harten WM-Vorrundenspiel gegen Argentinien (0:0) hält er sich Gonzales vom Leib.

Bittere Niederlage

Fassungslos geht Franz zu Boden. Das WM-Endspiel von Wembley 1966 wurde zu seiner ersten großen Niederlage. Geknickt geht Kapitän Uwe Seeler vom Platz (oben). Das legendäre „Wembley-Tor“ entschied. Der Ball springt nach dem Schuß von Hurst auf die Torlinie (ganz oben). Doch Linienrichter Bachramow (im Foto links) entscheidet auf Tor, am Ende gewinnt England 4:2 n.V.

Weggefährten

Gute Laune im WM-Trainingsquartier Malente 1966: Kapitän Uwe Seeler und WM-Neuling Beckenbauer. „Uns Uwe" und der neun Jahre jüngere Franz sind seit ihrem ersten gemeinsamen Länderspiel (2:1 in Schweden 1965) eng verbunden geblieben

Geschlagen

Erschöpft verlassen Uwe und Franz den Rasen des Londoner Wembleystadions (links Masseur Erich Deuser). Das 2:4 gegen England im WM-Finale tut weh

Von UWE SEELER

Ich bin stolz auf unsere Freundschaft

Uwe Seeler, Jahrgang 1936, ist Deutschlands populärster Fußballer. Der Hamburger spielte bei vier Weltmeisterschaften, ist einer der vier Ehrenspielführer der Nationalmannschaft

Unsere Freundschaft begann an einem Tag, als es für die Fußball-Nation um alles oder nichts ging. Franz und ich liefen beim entscheidenden WM-Qualifikationsspielspiel 1965 in Schweden erstmals gemeinsam für Deutschland auf.

Ich hatte gerade meine Achillessehnen-OP überstanden, stand erstmals wieder im Team. Franz feierte seine Premiere in der Nationalelf. Ich selbst hatte ihn bei Bundestrainer Helmut Schön empfohlen. Zu Recht, wie sich herausstellen sollte. Franz spielte stark, wir gewannen 2:1, qualifizierten uns für die WM in England. Und ich schoß sogar das entscheidende Tor. Doch der größte Sieg war für mich, daß ich Franz kennengelernt hatte. In den 90 Minuten im Rasunda-Stadion von Stockholm entstand eine große Freundschaft.

Franz ist für mich der eleganteste Spieler und der größte Gentleman, der je das deutsche Trikot getragen hat. Bestes Beispiel: das unglücklich verlorene WM-Finale wenige Monate später gegen England.

Über das berühmt-berüchtigte Wembley-Tor, das England zum Weltmeister machte, muß man nicht mehr sprechen. Aber über das sportlich faire Verhalten von Franz. Natürlich hat er sich auch geärgert. Natürlich ist auch für ihn eine Welt zusammengebrochen. Aber er gratulierte fair seinem großen Gegenspieler Bobby Charlton. Er akzeptierte die Niederlage und nahm sich vor: Beim nächsten Mal sind wir dran!

Als 20jähriger wurde er in diesem Moment zur großen Spielerpersönlichkeit. Und acht Jahre später hielt er den World-Cup dann auch wirklich in seinen Händen.

So ist mein Freund Franz. Seine Charakterstärke und sein Erfolgsdenken beeindrucken mich bis zum heutigen Tag.

Sir Bobby Charlton, Jahrgang 1937, spielte 106mal für England und wurde 1994 von der Queen in den Adelsstand erhoben

Von SIR BOBBY CHARLTON

Wembley hat uns beide verschweißt

Stell dir vor, lieber Franz, wir Engländer hätten den Fußball nicht erfunden. Wembley hätte es nie gegeben …

Undenkbar! Wembley ist ein Mythos für Millionen Fans. Wembley hat uns beide zusammengeführt, uns über Jahrzehnte bis heute zu guten Freunden verschweißt.

Du bekommst zu deinem Geburtstag bestimmt viele Geschenke. Das wahrscheinlich größte wurde dir vor 60 Jahren in die Wiege gelegt: deine Gabe, Fußball zu spielen, schnell und intelligent. So habe ich dich 1966 in Wembley kennengelernt.

1970, im WM-Viertelfinale in Mexiko, trafen wir uns wieder. Diesmal gewann Deutschland 3:2 nach Verlängerung, mein letztes Länderspiel endete mit einer großen Enttäuschung. Denn ein englisches Team gibt eine 2:0-Führung eigentlich nicht mehr aus der Hand.

Man könnte sagen: Es steht 1:1. In unserem Verhältnis gibt es keinen Sieger und keinen Besiegten. Vielleicht ist dies das Geheimnis unserer tiefen Freundschaft.

Hohe Stirn, hohe Kunst

Wuchtig schießt Bobby Charlton an Franz Beckenbauer vorbei. Doch Deutschland gewann das WM-Viertelfinale 1970 in Mexiko 3:2 n.V. – das letzte Länderspiel des 32jährigen Charlton

Bye-bye, Bobby

WM-Finale 1966 in Wembley: Leichtfüßig zieht Franz seinem Gegenspieler Bobby Charlton davon, die Engländer aber holten mit 4:2 n.V. den Sieg

Revanche in Mexiko

Vier Jahre nach der Final-Niederlage von 1966 kann Deutschland die Engländer im Viertelfinale von Mexiko 1970 besiegen. Beim 3:2 n.V. in Leon ist Franz Beckenbauer der Antreiber im Mittelfeld, schießt das erste Tor. Sein Freund und Rivale Bobby Charlton muß ausscheiden

Momente der Angst

Nach einem Foul von Cera (65.) ist Franz an der rechten Schulter verletzt, Deutschland kann nicht mehr auswechseln

Kampf gegen den Schmerz

55 Minuten spielt Franz unter Schmerzen, der Oberarm wird von Klebeband an den Körper gedrückt. Als Schnellinger ihn in die Mauer zieht (unten) – neuer Schmerz …

Verletzt im „Spiel des Jahrhunderts“

17. Juni 1970, Aztekenstadion, Mexico City. Das WM-Halbfinale Deutschland – Italien geht mit 1:1 in die Verlängerung. Masseur Erich Deuser lockert Franz Beckenbauer die Waden, Zeugwart Horst Dahm stützt ihm die schwer geprellte Schulter. Italien gewinnt das packende Spiel 4:3 n.V.

Pool-Party
Einer von vielen Feier-Tagen für Udo Lattek in München: Die Spieler haben ihren Erfolgstrainer mit Pullover und Hose ins Entmüdungsbecken geworfen, Franz läßt sich schon den Sekt zur Meisterschaft 1973 schmecken

Von UDO LATTEK

Franz hat mich zum Bayern-Trainer gemacht

Es war Ende 1969. Ich war bei der Nationalmannschaft Assistent von Bundestrainer Helmut Schön. Da kam Franz und sagte: „Ich habe dich bei Bayern empfohlen und soll dich jetzt im Namen des Vorstands fragen, ob der Trainer-Job bei uns für dich interessant ist.“

Ich flog nach München und stieg dann beim DFB aus und begann im April 1970 als Trainer beim FC Bayern.

Mit anderen Worten: Franz habe ich meine ungewöhnliche Vereinstrainer-Karriere zu verdanken.

Und Franz war einmalig: Wir waren per du. Doch als ich dann bei den Bayern unterschrieben hatte, sagte er: „Es ist schlecht, wenn ich als Spieler den Trainer duze. Ab sofort rede ich dich also mit Sie an. Auch wenn wir unter vier Augen sind.“

Wir waren dann unglaublich erfolgreich: In den fünf Jahren mit Franz als Spieler wurden wir dreimal Meister, einmal Pokalsieger und holten einmal den Europapokal der Landesmeister.

Franz war ein Vollprofi: Er war der erste, der zum Training kam. Und der letzte (nach Massage und Pflege), der ging. Und Franz konnte nie verlieren. Ich erinnere mich an eine herrliche Situation im Training. Der Spieler Mrosko verpaßte dem Kaiser einen Beinschuß. Das hat den Franz so geärgert, daß er Mrosko über den ganzen Platz nachgelaufen ist und ihn dann in den Hintern getreten hat.

Udo Lattek, Jahrgang 1935, ist mit 14 großen Titeln einer der erfolgreichsten Trainer weltweit. Lattek trainierte den FC Bayern zweimal, 1970–1975 und 1983–1987

Die Bayern regieren Europa
Zum zweiten Mal in Folge präsentiert Kapitän Beckenbauer 1975 den Europapokal der Landesmeister auf dem Münchner Rathausbalkon. Auch 1976 holten die Bayern den begehrtesten Vereinspokal

Beginn einer Ära

Brüssel 1974: Die Bayern haben den ersten Meister-Cup geholt. Von links: Beckenbauer, Hansen, Müller, Roth, Schwarzenbeck, Breitner

„Danke, Dicker!“

Glückwunsch an Gerd Müller. Der „Dicke“ schoß wie Uli Hoeneß zwei Tore im Endspiel gegen Atletico Madrid (4:0). Rechts Roth

Manager, Berater, Freund

Seltenes Bild: Franz kann nicht spielen, sitzt neben Manager Robert Schwan auf der Bayern-Bank. Der gewiefte Schwan arbeitete von 1964 bis 1977 für den FC Bayern, war zudem über fast 40 Jahre als „Mister 20 Prozent“ persönlicher Berater von Beckenbauer

So lachen nur Sieger

Franz umarmt Günter Netzer nach dem Finale von Brüssel: Deutschland ist 1972 erstmals Europameister geworden (3:0 gegen Rußland)

Von GÜNTER NETZER

Wenn wir was wollen, ziehen wir das durch

Günter Netzer, Jahrgang 1944, war als Kapitän von Borussia Mönchengladbach großer Konkurrent des FC Bayern, spielte bei der EM 1972 und WM 1974. Heute TV-Rechtehändler und ARD-Kommentator

Die Europameisterschaft 1972 war unser gemeinsamer sportlicher Höhepunkt. Heute muß ich sagen: Leider haben Franz und ich in der Nationalelf gar nicht so oft zusammengespielt. Die tiefe Freundschaft zwischen uns entwickelte sich erst nach der sportlichen Karriere.

Franz ist einer der wenigen Menschen, auf die ich mich zu 100 Prozent verlassen kann. Wir sind quasi Brüder im Geiste, beide mit einem enormen Phlegma ausgestattet. Allerdings: Wenn wir etwas wirklich wollen, dann ziehen wir das auch konsequent durch – wie die WM 2006, bei der ich neben Franz mithelfen darf.

Eins vergessen wir beide nie, es ist schon gute 35 Jahre her. Da wollte Franz unbedingt meinen eleganten silbernen Jaguar E kaufen. Da ich selbst auf einen Ferrari umsteigen wollte, paßte mir das Angebot vom Franz gut in den Kram.

Ich ließ den Jaguar generalüberholen, fuhr ihn selbst von Mönchengladbach nach München und nahm vom Franz dafür 10 000 Mark entgegen. Zwei Tage später rief Franz erbost an: Günter, was hast du mir da für einen Schrott angedreht?

Er konnte nicht verstehen, daß man für einen Jaguar einen Schuß Enthusiasmus braucht. Unbequeme Sitze und ein paar Regentropfen, die durchs Verdeck rieseln – das kann einen echten Jaguar-Liebhaber nicht erschüttern. Den Franz schon.

Er verkaufte das schöne Sportauto gleich weiter – an Wolfgang Overath. Den Preis habe ich leider nie erfahren …

Wie sich die Bilder gleichen

Auch nach dem WM-Sieg 1974 nahmen sich Trainer Schön und sein Kapitän in den Arm

Der verlängerte Arm

Für Bundestrainer Helmut Schön war Franz Beckenbauer zwölf Jahre lang der verlängerte Arm auf dem Platz. Arm in Arm feierten sie in Belgrad nach dem Erreichen des EM-Finales 1976 durch ein 4:2 n.V. gegen Jugoslawien

Ihr größter Tag

Franz dreht mit Gerd Müller eine Ehrenrunde nach ihrem größten gemeinsamen Erfolg, dem WM-Titel 1974. Müller schoß im Münchner Olympiastadion das Siegtor zum 2:1 gegen Holland

Gerd Müller, Jahrgang 1945, wurde mit 68 Toren in 62 Länderspielen zum „Bomber der Nation". Arbeitet im Trainerstab des FC Bayern

Von GERD MÜLLER

Er hat mich zur Weißglut gebracht

Wir haben zusammen geniale Doppelpässe gespielt, Titel am laufenden Band gewonnen. Aber kaum einer weiß, daß Franz und ich auch so unsere Probleme miteinander hatten.

So bin ich zum Beispiel ein sehr pünktlicher Mensch. Und deshalb hat mich Franz zu unserer aktiven Zeit so manches Mal zur Weißglut gebracht…

Ich wohnte damals in Straßlach, und auf der Fahrt zum Training oder auch zum Flughafen lag das Beckenbauer-Domizil in Grünwald auf meinem Weg. Also machten wir aus, daß ich ihn abholen und mitnehmen würde. Doch in den seltensten Fällen war Franz fertig, wenn ich zum verabredeten Zeitpunkt vorm Haus erschien.

Ich saß wie auf heißen Kohlen in meinem Auto, schließlich ging's oft ja auch darum, nicht den Flieger zu einem Eurocup- oder Länderspiel zu verpassen. Der Franz aber nahm's stets gelassen, meinte nur lapidar: „Reg di ned auf, Dicker. Die fliegen ned ohne uns." Haben sie tatsächlich nie gemacht…

Die Achse des Erfolgs

Diese drei stehen für die besten Jahre des FC Bayern: Mit der Achse Sepp Maier – Franz Beckenbauer – Gerd Müller (Foto von 1974) gewannen die Bayern dreimal in Folge den Europacup der Landesmeister

Weltmeister!
Breitner, Beckenbauer und Overath feiern Gerd Müller (2. v. r.) für sein Siegtor zum 2:1 im WM-Finale 1974

Paul Breitner, Jahrgang 1951, spielte neun Jahre beim FC Bayern, wurde Weltmeister 1974, weiter aktiv als Kolumnist (BILD am SONNTAG)

Von PAUL BREITNER

Wir waren perfekte Partner

WM 1974 im Trainingslager Malente. Am Tag nach dem 0:1 gegen die DDR in Hamburg. Franz sagt: „Komm, geh ma a bisserl spazieren. Ich habe mit Helmut Schön gesprochen. Wir werden die Mannschaft auf einigen Positionen ändern."

Ich sage: „Ja, und?"

Franz: „Ich wollte dir nur sagen, daß sich schon wieder einige DFB-Funktionäre an Helmut Schön rangeschlichen haben. Die wollten ihm erklären, du wärest als Verteidiger viel zu offensiv. Ich habe zu Schön gesagt: So ein Schmarrn! Die verstehen nix vom Fußball. Kannst es aber auch gleich wieder vergessen." Und zwinkert mir aus den Augenwinkeln zu.

Habe ich natürlich nicht vergessen. Franz war klar, daß er damit meinen Ehrgeiz noch mehr angestachelt hatte. Wir wußten ja beide seit meinem ersten Länderspiel, daß einigen Herren meine vielen Haare nicht gefielen, daß für sie mein Schnurrbart immer ein oder zwei Millimeter zu lang war. Meine Reaktion war wie immer: Euch werde ich es jetzt erst recht zeigen!

Im nächsten Spiel, gegen Jugoslawien in Düsseldorf, trieb und scheuchte ich meinen Gegenspieler Danilo Popivoda (von allen sehr gefürchtet) über das ganze Feld, bis an seine eigenen Eckfahnen. Und ich erzielte auch noch das 1:0.

Franz und ich waren nie Freunde im herkömmlichen Sinn. Dazu lebten wir privat in zu unterschiedlichen Welten. Aber als Spieler herrschte zwischen uns ein Grundvertrauen. Er wußte, daß ich auf meine Art eine Mannschaft zu Höchstleistungen peitschen konnte. Ich wußte, daß Franz in unseren Spielen nicht nur „leicht transpirierte", wie es ein Schönschreiber formulierte. Nein, wenn es darauf ankam, ging er über seine physischen Grenzen hinaus.

Wir waren perfekte Partner.

Mächtige Matte

Franz scheint einen Blick auf die Haarpracht von Paul Breitner zu riskieren, es ist Halbzeit im EM-Viertelfinale 1972 (Deutschland – England 0:0 in Berlin)

Der Kaiser kann kämpfen

Als das WM-Endspiel 1974 gegen die starken Holländer zur Abwehrschlacht wurde, zeigte Franz Beckenbauer seine Kämpferqualitäten. Wuchtig schlägt er den Ball vor Neeskens weg, links Bonhof

Duell der Besten
Mit viel Einsatz konnten Kapitän Beckenbauer und sein Team im WM-Endspiel 1974 die stürmischen Holländer um Johan Cruyff stoppen

Johan Cruyff, Jahrgang 1947, war dreimal „Europas Fußballer des Jahres". Als Trainer gewann er 11 Titel mit Ajax und dem FC Barcelona

Von JOHAN CRUYFF

Wir waren 6 Jahre die größten Rivalen

Wir waren die größten Rivalen um Europas Fußball-Krone: Ab 1971 haben sechs Jahre in Folge nur mein Verein Ajax Amsterdam oder der FC Bayern mit Franz Beckenbauer den Europacup der Landesmeister (die heutige Champions League) gewonnen.

Das wichtigste unserer Duelle in den 70er Jahren habe ich leider knapp verloren: Deutschland gewann das WM-Finale 1974 mit einem starken Torwart Sepp Maier und einem großartigen Kapitän Franz.

Uns verbindet ebenfalls die lange und meist erfolgreiche Laufbahn als Trainer. Unsere Freundschaft aber begann mit einem Tip, für den ich Franz heute noch dankbar bin. Als er in New York spielte, machte sein Verein Cosmos 1979 auch mir ein Angebot. Ich fragte Franz, ob's ihm bei diesem Klub gefiele, und er sagte: Es nervt, daß du ständig für irgendwelche Werbeaktionen zur Verfügung stehen mußt. Einen Tag später unterschrieb ich bei den Los Angeles Aztecs. Und hatte anschließend eine wunderschöne Zeit im sonnigen Kalifornien.

Böser Blick

An diesem Tag war Cruyff besser. Franz und die Bayern verloren im Europacup-Viertelfinale am 7.3.1973 gleich mit 0:4 gegen Ajax Amsterdam und schieden aus

Geliebt

Stars lösen Emotionen aus – wie diesen Handkuß eines Fans für den sichtlich irritierten Franz

Gehaßt

Ein Zuschauer schleudert Beckenbauer seinen Spott hinterher. Die Bayern haben durch ein 0:2 gegen den MSV Duisburg die Chance auf die Meisterschaft 1971 verspielt

Flug in die neue Welt

Zwei Männer auf dem Weg in ein großes Abenteuer: Robert Schwan und Franz haben sich entschlossen, die Bayern zu verlassen. Am 31. Mai 1977 fliegen sie über den Atlantik, Franz wechselt mit 31 Jahren zu Cosmos New York

Hoch hinaus

Erster Rundgang in Manhattan, Franz und sein Manager bestaunen die vielen Wolkenkratzer

Alles neu

Suchende Blicke nach der Landung auf dem John-F.-Kennedy-Flughafen: Franz und Brigitte mit Robert Schwan

Die Unterschrift

Lächelnd unterschreibt Franz seinen Vertrag bei Cosmos, sehr zur Freude der Bosse des Warner-Medienkonzerns, der das Cosmos-Team finanzierte

„The Kaiser“

Auch auf dem US-Kunstrasen gehorchte Franz der Ball: „The Kaiser“ wurde mit Cosmos dreimal Meister. Nach seiner HSV-Zeit kehrte er für den Sommer 1983 noch einmal ins Cosmos-Trikot zurück – seine letzten Spiele

Pelé

Edson Arantes do Nascimento

Santos, SP, Brasil 02 de Maio de 2005.

Querido Beckenbauer,

Estou sabendo que em Setembro, você completará 60 (sessenta) anos. Normalmente, todos os "homens de verdade", que tem responsabilidade, família para criar e é um ídolo mundial, ficam preocupados com essa idéia. Franz, eu também já fiz os meus 60 (sessenta) anos e posso te garantir que não dói nada, nem machuca, eu continuo com a mesma força dos 20 (vinte) anos, com muito mais experiência e sabedoria.
Eu quero desejar a você, muita saúde e felicidades, pois você deu muitas alegrias a família futebolística, que é sem dúvida a maior família do planeta.
Eu tive a felicidade de conviver pessoalmente, com a amizade e lealdade do Beckenbauer, quando estivemos no New York Cosmos. Aí eu conheci fora do campo, o verdadeiro ser humano que o mundo admira. Hoje o nosso futebol é o esporte mais praticado nos USA, entre jovens de 8 a 20 anos e pelas atletas mulheres, e o Beckenbauer faz parte deste crescimento, dando exemplos dentro e fora do campo.
Além da nossa amizade pessoal, estamos na mesma equipe do Comitê de Esportes da FIFA, onde nos encontramos sempre.
Eu poderia dizer muito mais, da minha admiração e respeito por você, mas eu precisaria do espaço de um livro inteiro para falar sobre suas qualidades.
Eu espero que o livro em sua homenagem possa servir de exemplo e inspiração para todos os jovens, que almejam ter sucesso em suas carreiras.

Edson Arantes do Nascimento - Pelé

Die Größten

Seit ihrer gemeinsamen Zeit in New York 1977 sind die „Jahrhundertfußballer" Pelé und Franz gute Freunde

Von PELÉ

Franz, Dich bewundert die Welt

Pelé, Jahrgang 1940, wurde mit Brasilien dreimal Weltmeister und gilt als bester Fußballspieler aller Zeiten

Mein lieber Franz Beckenbauer,

ich habe erfahren, daß Du im September 60 wirst.
Normalerweise wird man zu einem solchen Anlaß sehr nachdenklich, vor allem, wenn man wie Du Familienvater und noch dazu ein Weltidol ist. Franz, ich bin schon 60 geworden und kann Dir versichern, es tut überhaupt nicht weh, ich habe immer noch dieselbe Kraft wie mit 20 Jahren, nur mit viel mehr Erfahrung und Weisheit.

Ich wünsche Dir viel Gesundheit und Glück, weil Du der „Fußball-Familie", der größten Familie des Planeten, viel Freude gemacht hast. Ich habe Glück gehabt, persönlich mit der Freundschaft und der Treue von Franz Beckenbauer beschenkt zu werden, als wir zusammen bei Cosmos New York waren. Dort habe ich jenseits des Fußballfelds den wirklichen Menschen Beckenbauer kennengelernt, einen Menschen, den die Welt bewundert. Heutzutage ist unser Fußball der am weitesten verbreitete Sport in den USA, sowohl bei Jungen von acht bis 20 Jahren als auch bei Sportlerinnen – und Franz Beckenbauer nimmt an diesem Wachstum als Vorbild auf dem Fußballfeld und außerhalb teil.

Neben unserer Freundschaft sind wir natürlich auch Kollegen etwa im Komitee der FIFA, wo wir uns häufig treffen.
Ich könnte viel mehr von meinem Respekt Dir gegenüber und meiner Bewunderung für Dich erzählen.
Ich hätte dann aber ein dickes Buch schreiben müssen, um alle Deine Begabungen erwähnen zu können.
Ich hoffe, daß das Buch, das Dich ehren soll, allen Jugendlichen, die ihre Lebensziele verwirklichen wollen, als Vorbild und Inspirationsquelle dienen wird.

Mit herzlichen Grüßen,
Edson Arantes do Nascimento - Pelé

Das Duo der Legenden
Dank der Superstars Pelé und Beckenbauer stieg die Zuschauerzahl bei Cosmos auf den US-Rekord von 77 000

Der Ball ist ihr Freund
Pause im Cosmos-Trainingslager, doch auf einen Spaß-Kick im Garten haben Pelé und Franz immer Lust

Den Horizont erweitern

Der mutige Schritt nach New York lohnte sich auch für den Menschen Franz Beckenbauer. Er fand mehr Ruhe, lernte Kultur und Sprache eines neuen Landes kennen und reifte in der Weltstadt zum Weltmann

Dr. Henry Kissinger, geboren 1923 in Fürth, war amerikanischer Außenminister (1973–1977), Träger des Friedensnobelpreises (1973). Er ist ein großer Fußballanhänger

Von DR. HENRY A. KISSINGER

Auch politisch hat er einen strategischen Sinn

Das erste Mal sah ich Franz Beckenbauer 1974 im WM-Finale in München. Ich war damals Außenminister der Vereinigten Staaten. Da beeindruckte mich Beckenbauer sofort als Spieler mit seinen eleganten Pässen.

Wir trafen uns dann öfter, als er in New York für Cosmos spielte. Ich kam in die Umkleidekabine seiner Mannschaft. Alle haben sich gefreut, wie gut Cosmos gespielt hat. Doch dann erklärte mir Beckenbauer, wo Cosmos stehen würde, wenn der Klub im deutschen Fußball wäre: Nämlich in der 2. Bundesliga, und da auch noch weit unten. So etwas analysierte er dann eiskalt.

Beckenbauer ist eine Kombination aus einem großen Athleten und einem intelligenten Strategen, der nicht nur über Fußball sprechen kann. Wir haben viel über Politik geredet, er ist da sehr interessiert und hat diesen strategischen Sinn. Alles, was er macht, hat den Beckenbauer-Stempel. Seine Lebensleistung ist, daß er das Niveau und das Ansehen des Fußballs sehr gehoben hat. Und daß er als führende Persönlichkeit und als Repräsentant außerhalb des Spielfeldes genauso fähig ist wie damals auf dem Platz.

Ich glaube, seine WM 2006 wird ein großer Erfolg. Ich bin überzeugt, daß er es geschickt genug macht, daß es für Deutschland eine große Werbung auf der ganzen Welt wird.

Menschen wie Beckenbauer gibt es sehr selten. Aus der sportlichen Welt kenne ich niemanden wie ihn.

Kissinger beim Kaiser

Kurioses Treffen 1980 in New York: Nach einem Cosmos-Spiel ist sich Nobelpreisträger Henry Kissinger nicht zu schade, vor der Wanne von Franz in die Knie zu gehen

Wiedersehen in Florida

In der US-Liga traf Franz seinen alten Bayern-Freund Gerd Müller wieder, der von 1979 bis 1981 für die Fort Lauderdale Strikers in Florida spielte

Soccer-Party

Typisch amerikanisch inszeniert: Jeder Spieler lief einzeln ein, von hübschen Cheergirls gefeiert

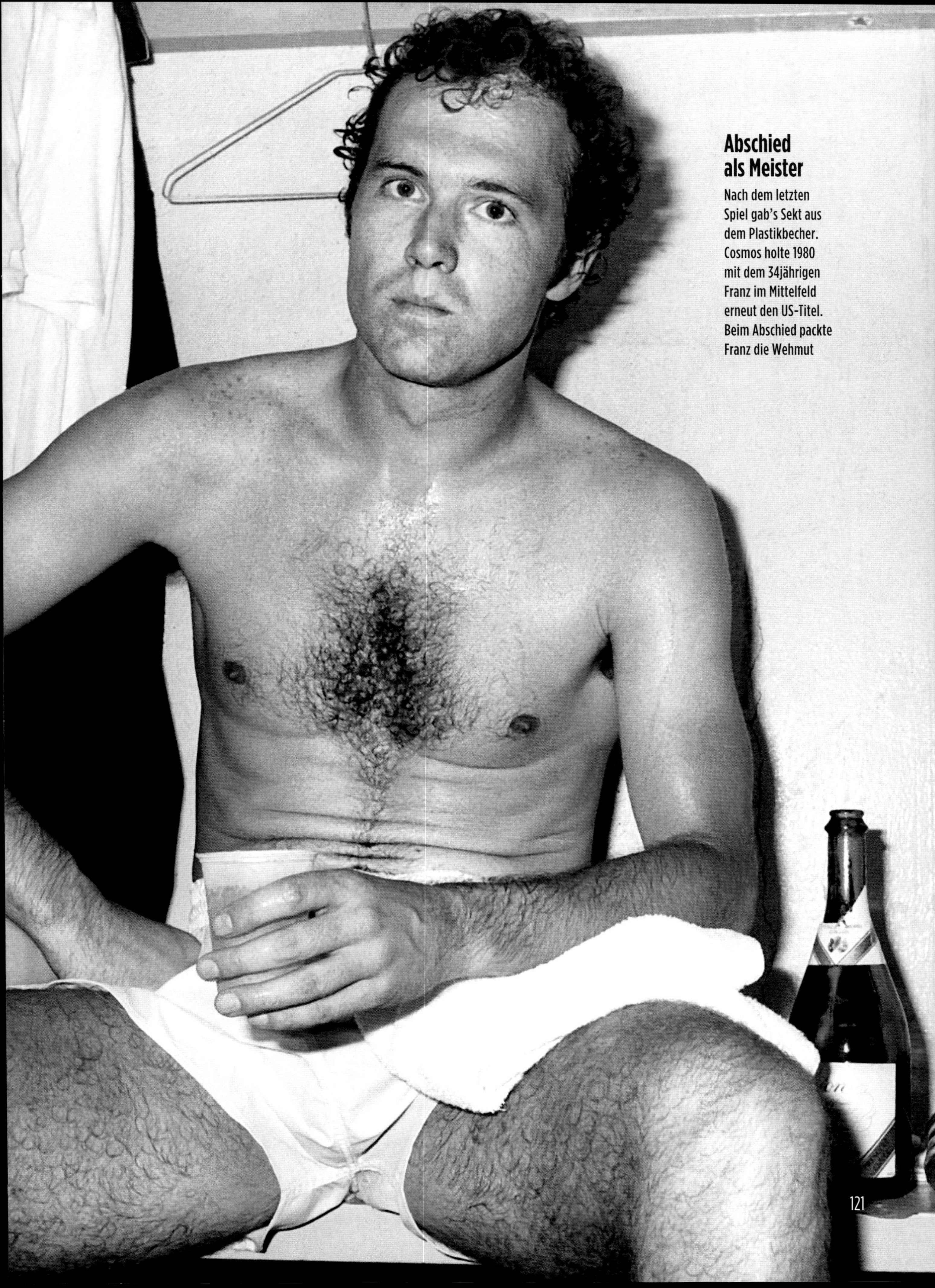

Abschied als Meister

Nach dem letzten Spiel gab's Sekt aus dem Plastikbecher. Cosmos holte 1980 mit dem 34jährigen Franz im Mittelfeld erneut den US-Titel. Beim Abschied packte Franz die Wehmut

6

„I love you!"

Die Fans im Meadowlands-Stadion mochten den „Kaiser from Germany". Bei seinem offiziellen Abschiedsspiel im September 1980 rief Franz ihnen zu: „Ich nehme Abschied von den besten Fans der Welt. Ich liebe euch!"

Ankunft Inland
Arrivals Domestic
except ausser Berlin

„HSV hurra, der Franz ist da!"

Chaos am Hamburger Flughafen, als Franz Beckenbauer im September 1980 landet und seine zwei Jahre beim HSV beginnt. Überschrift in BILD: „HSV hurra, der Franz ist da!"

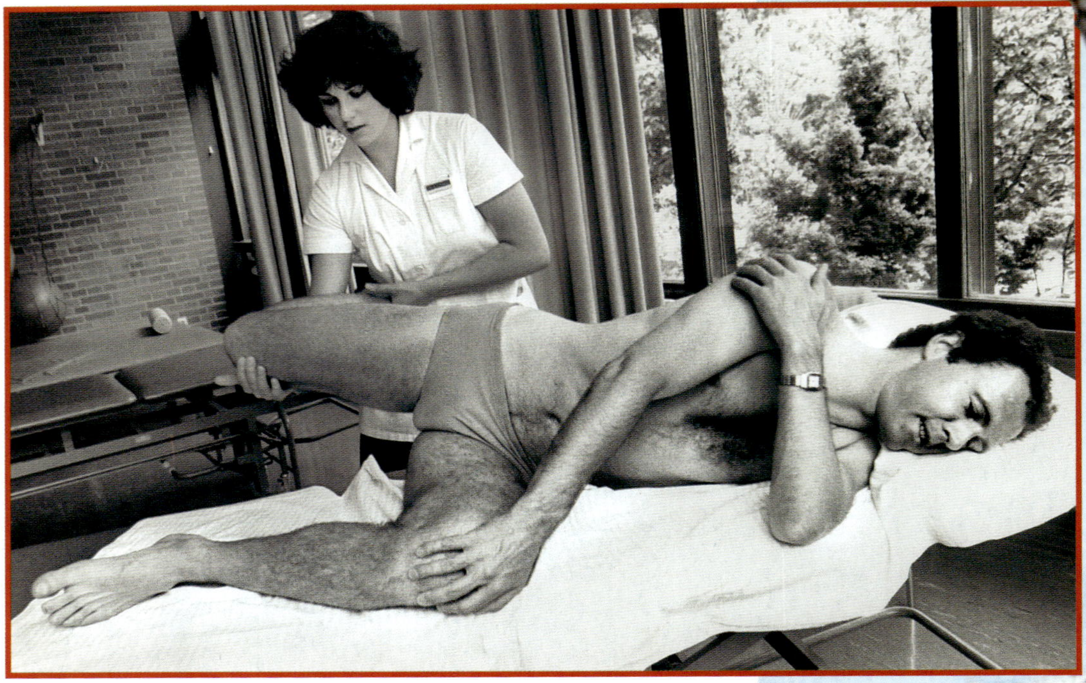

Es zwickt überall

Franz mußte in seiner HSV-Zeit oft behandelt werden. Mal schmerzte die Leiste, dann die Achillessehne

Quälerei fürs Comeback

Nach einem Nierenriß war Franz wochenlang draußen. Doch er arbeitete sich in die Mannschaft zurück

Zum 5. Mal die „Salatschüssel"

29. Mai 1982: Die letzten Minuten von Franz in der Bundesliga. Mit einer Ehrenrunde im Volksparkstadion feiert der HSV die Meisterschaft. Franz hält nach vier Titeln mit den Bayern erneut die Schale hoch. Er ist beim 3:3 gegen den KSC nach 41 Minuten verletzt aus dem Spiel gegangen

Keine Gnade für den Kaiser

Die Bundesliga nahm keine Rücksicht auf ihren größten Sohn. Erst recht nicht die alten Bayern-Kollegen. Paul Breitner läßt Franz die Angriffslust der Jugend spüren (HSV – Bayern 2:2 am 21.3.81)

Tschüs, Bundesliga

An einem sonnigen 1. Juni 1982 winkt Franz zum letzten Mal im Trikot einem deutschen Publikum zu. Bei seinem Abschiedsspiel gelang ihm ein schönes Volley-Tor gegen die Nationalelf

Der private Franz

Ein Foto aus der Privatkiste vom Dachboden. Es zeigt Franz beim Urlaub in Los Angeles 1978, als er Haare und Bart einfach mal wachsen ließ

Endlich zu Hause angekommen

Der private Franz ist ein wunderbarer Mensch. Er kommt vor die Tür, schüttelt höflich und herzlich die Hand. Drinnen holt er selbst die Gläser aus der Küche, fragt: „Magst a an Weißwein?" Als die Besucher ablehnen, schenkt er sich selber ein.

Nun erzählt er wunderbare Geschichten aus seinem Leben wie die von seinem ersten Trainer beim SC 1906 München: „Ich bin vielleicht erschrocken, der lief auf zwei Krücken, weil er im Krieg ein Bein verloren hatte. Dann sagt der zu mir: So, jetzt üben wir Zweikampf! Ich bin auf ihn zu, aber der war so schnell mit seinen Krücken, ich bin nicht vorbeigekommen, und wir sind beide gestürzt. Der war so schnell wieder auf seinem Bein, da lag ich noch rum."

„Wenn man schon gehen muß, muß man sich mit Anstand verabschieden"

Aber jetzt kommt das Hintersinnige beim Franz: „Da hab'i g'lernt, wie man wieder aufstehen muß."

Man versteht in wenigen Minuten, daß der wunderbare Beckenbauer so viele Freunde hat. Obwohl er selbst einschränkt, er kenne „nur ein paar richtig gute Freunde". Weder in die erste noch in die zweite Gruppe fallen Mitspieler, die sich einen schlampigen Paß geleistet haben. Noch Fußball-Funktionäre, die sich bei ihm einmischen wollten. Und schon gar nicht Autobahnschleicher („Stinker"), die den „zügigen Fahrer" (so schätzt sich Beckenbauer selbst ein) zum Dahinzuckeln zwingen.

Mit den drei wichtigen Frauen vor seiner Heidi hat er ein gutes Verhältnis, man spricht miteinander. Lebenslanger Haß, darunter würde der harmoniebedürftige Franz leiden. Er hat sich doch geschworen: „Wenn man schon gehen muß, muß man sich mit Anstand verabschieden." Also auch mit anständig viel Geld.

Viele glauben, der Franz sei ein wandelnder Widerspruch. Charmant und jähzornig, freundlich und hart, kumpelhaft und arrogant. Heute sage er „hü", morgen „hott". Ein „Nein" verändere sich von einem „Jein" in ein „Ja, vielleicht" bis zu einem entschiedenen „Ja". Dafür gibt es eine einfache Erklärung: Er will es eigentlich allen recht machen, aber das schafft nicht mal er.

Der Kaiser, der noch aus seinen Kindertagen spürt, wie man im Bett frieren kann, weil keine Heizung wärmt, liebt die bescheidenen Freuden: Eine ordentliche Brotzeit mit Wurst, Obatzten (bayerischer Streichkäse) und Rettich, einen spannenden Schafkopf (bayerisches Kartenspiel) und alpenländische Volksmusik mit Zitherklängen – am zünftigsten ist es, wenn er mitsingen kann. Dazu Rotwein und eine Zigarre, dann bleibt der Franz gerne lange sitzen.

Klar, eine Prise Schnupftabak gehörte auch mal zur Lebensfreude, Golfen und Skilanglauf – und inzwischen war er mit der Heidi und den Kindern ein paarmal in Dubai. Aber so richtig Urlaub machen wie andere Familien – nein, er ist am liebsten zu Hause, mitten in seinen Bergen. Geld, so wehrt er ab, sei ohnehin nur „bedrucktes Papier". Der Mensch brauche doch höchstens >> SEITE 135

Das Glück fest im Griff

Franz Beckenbauer legt die Arme um seine Heidi, sie schmiegt sich an ihn. Sechs Jahre kennen sie sich, haben zwei Kinder miteinander. Spätes Vaterglück, das den Franz verändert hat: „Ich bin jetzt gelassener“.

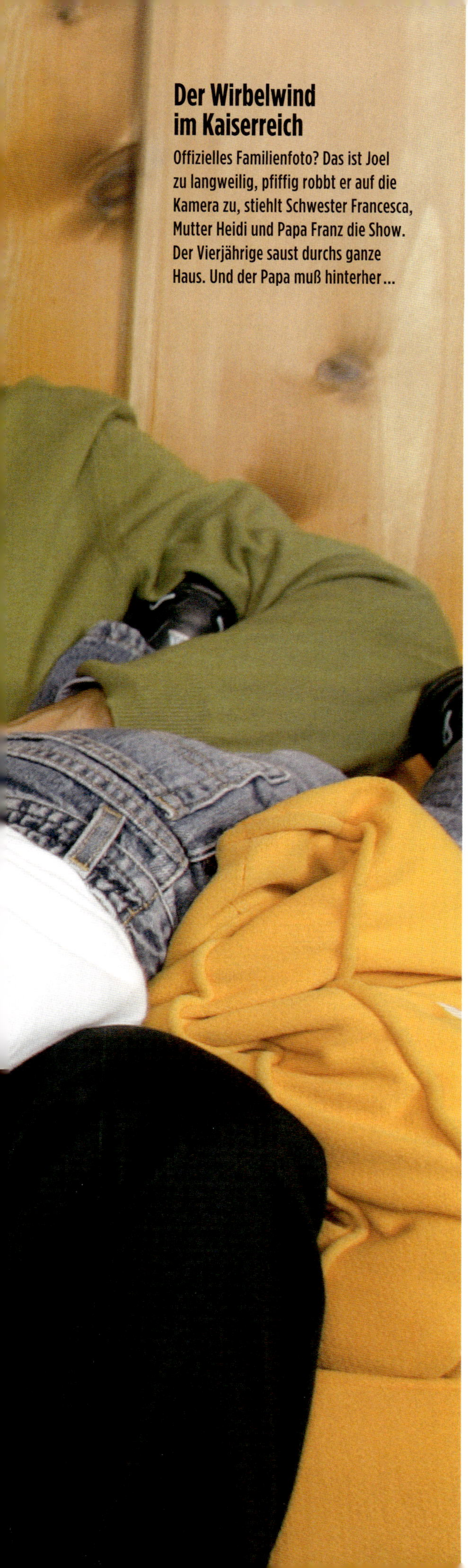

Der Wirbelwind im Kaiserreich

Offizielles Familienfoto? Das ist Joel zu langweilig, pfiffig robbt er auf die Kamera zu, stiehlt Schwester Francesca, Mutter Heidi und Papa Franz die Show. Der Vierjährige saust durchs ganze Haus. Und der Papa muß hinterher…

Wasser zum Trinken, Brot zum Essen und einen angewinkelten Arm zum Schlafen, das habe Konfuzius gelehrt.

Der Franz hat immer weicher geruht, aber sein Gewissen war damit nicht beruhigt. Er gab großzügig, bei Spendengalas. Und zeigte sein Herz auch in Hamburg, als HSV-Masseur Hermann Rieger 1982 seinen VW-Käfer kaputtfuhr. Plötzlich stand der Franz in Riegers Kabine und drückte ihm einen Scheck über 10 000 Mark in die Hand: „Gib es mir zurück, wenn du es mal übrig hast." Für seine „Beckenbauer-Stiftung für Behinderte und Menschen in Not" hat er seit 1982 Millionen gesammelt und selbst schon Hunderttausende abgedrückt.

„Handwerker? Nein, ich habe zwei linke Hände"

Was muß man noch über ihn wissen? Er sollte eigentlich ein Mädchen werden, Mutter Antonie hatte schon den Namen Franziska ausgesucht. Er war sehr klein und schoß erst ab 12 in die Höhe. Er hatte gute Noten, schloß jedoch mit der Volksschule ab, weil er statt lernen lieber Fußball spielen wollte. Er wäre nie Handwerker geworden, „weil ich zwei linke Hände habe".

Er hat schon als Jugendlicher unter Magenschmerzen gelitten, der Krankheit der Feinfühligen. Er wird leicht seekrank, war deshalb nie auf einer Kreuzfahrt. Zuletzt quälten ihn Nierensteine, die wurden im Krankenhaus zertrümmert. Er wäre gern Arzt geworden, aber dann hätte er das Abitur nachmachen müssen. Er schmetterte erbarmungslos am offenen Fenster das Lied von Freddy Quinn „Die Gitarre und das Meer". Er war ein lustiger Kerl und balancierte einen ganzen Tisch voller Biergläser durch das „Klosterstüberl" in Davos. Am wohlsten fühlt er sich im niederbayerischen Bad Griesbach, wo er golfen und abschalten kann.

Er ist dankbar: seiner Mutter, die ihm das Leben geschenkt hat. Dann dem Robert Schwan – erst sein Manager, danach sein Berater in allen Lebenslagen, der ihm zum Reichtum verholfen hat. Und natürlich dem gottgegebenen Schicksal, das ihm diese beiden Menschen beschert hat. Deshalb blieb er auch immer vor der Gartenpforte seines ersten Hauses (Doppelhaus-

>> SEITE 136

hälfte, 180 000 Mark) stehen und dachte: ‚Das gehört mir, das habe ich allein geschafft, das ist Glück." Da war er 21.

Bei der WM 1982 in Spanien, die er sich als BILD-Kolumnist ansah, ließ er sich von einem Reporter (der vorher dort als Reiseleiter gearbeitet hatte) in die einfachen Lokale führen: „Ich fühle mich da am wohlsten."

Er ist eitel, im guten Sinne. Keine Pausbacken, keinen Bauch bitte. Deshalb strampelt und keucht er im zweiten Stock seines Hauses, im kleinen Sportstudio, auf dem Heimfahrrad. Das Haar richtet er sorgfältig, obwohl er diesen Kampf verloren hat. Jahrelang hat Beckenbauer jedes Haar in der Dusche gezählt, die wachsenden Ecken in der einst prächtigen Mähne sorgenvoll beobachtet. Ansprechen darauf durfte ihn keiner.

Er verabscheut einfach schlechte Nachrichten. Seine Post öffnet er oft Tage nicht („40 Prozent erledigen sich von allein"). Er glaubt an Horoskope. Er hat am liebsten seine Ruhe, möchte nur das Panorama seiner Gipfel betrachten, läßt sich aber dann doch wieder rufen. Er liebt Hunde, hat sich mit Heidi wieder zwei Schäferhunde geholt. Er hat alle seine Pokale und Trophäen in den Keller geräumt, er braucht keine Walhalla.

Bruder Walter weiß es genau: „Der Franz ist menschlich kein anderer geworden."

Auch nicht bei den Frauen. Bei diesem Thema haben Menschen mit Einblick einen 11-Jahre-Rhythmus ausgerechnet, was Beckenbauer als „Schmarrn" einstuft. Aber Brigitte heiratete er 1965. Und elf Jahre später, 1976, lernte er die Fotografin Diane Sandmann kennen. Mit der lebte er elf Jahre zusammen, bis er sich 1988 in die DFB-Sekretärin Sybille Weimar verliebte. Und noch mal elf Jahre später mit der Bayern-Angestellten Heidi Burmeister seinen Joel-Maximilian zeugte.

Er hatte immer einen Schlag bei allen, die Röcke trugen. Seine Ex-Frau Sybille hat das so beschrieben: „Wenn Franz in die DFB-Zentrale in Frankfurt kam, war Feiertag – zumindest bei den Frauen."

Erstaunlich: Keine der Verflossenen hat ihm böse Worte nachgesagt. Die Zeit mit dem Kaiser muß wohl einzigartig gewesen sein.

Nun ist ein kleiner Kaiser da, 37 Jahre nach Beckenbauers erstem Sohn geboren. Blond wie die Mama, auch die blauen Augen hat er von ihr. Vom Papa dafür den festen Blick und das lausbübische Grinsen. Hier steht ein Bobby-Car, dort liegen Malbücher. Dazwischen tobt der vierjährige Joel. Erst draußen klammert er sich an Vaters Hosenbein. Der Fotograf mit den wild schnappenden Kameras wurde ihm allmählich unheimlich.

Franz nimmt Joel auf den Arm, trägt ihn ins Haus. Unter der Tür fragt der helle Junge, was die Buchstaben oben im Türbalken bedeuten. Franz rückt die Brille zurecht und erklärt es – liebevoll, geduldig, stolz: „Ja, weißt du, die drei Buchstaben CMB heißen Caspar, Melchior und Balthasar. Das sind die Heiligen Drei Könige." Joel hakt nach: „Und warum stehen die hier?" Beckenbauer räuspert sich: „Ja, das macht man, weil man sich wünscht, daß immer Segen und Glück im Haus ist."

Das genügt Joel, er will wieder runter, zur Mama in die Küche rennen. Beckenbauer schaut seinem späten Glück nach. Er sieht sehr zufrieden aus. Wie einer, der gefunden hat, was er immer gesucht hat. Nach einer langen Reise durch ein bewegtes Leben scheint er bei seiner Heidi und den beiden Kindern endlich zu Hause angekommen zu sein.

Heimat unterm Wilden Kaiser

Wie gemalt: Beckenbauers dreistöckiges Haus (rund 400 Quadratmeter) in der Nähe von Kitzbühel. Hinten ragt das Panorama des Wilden Kaisers auf

Mein Papa, mein Halt

Süß, wie sich Joel an das rechte Hosenbein des berühmten Vaters klammert: Jetzt gehört Papa mir! Denn zu oft muß Franz Beckenbauer weg – und Joel fragt jedesmal: „Bist du heute abend wieder hier?“

Eine Pause in der Sonne

Mal in Ruhe eine Tasse Kaffee trinken, das liebt der Franz. Aber als Ruhebänkchen dient dieses Plätzchen vor seinem Haus noch nicht. Denn gleich wird das Handy neben dem Kännchen klingeln – Beckenbauer, der Vielgefragte

Kurze Freude am Klavier

Jungfräuliche Versuche 1969 am Piano. Franz: „Ich wollte meine künstlerische Ader entdecken. Aber leider ist mein Klavierlehrer drei Monate später gestorben“

Begehrte Unterschrift

Die Geduld für Autogrammjäger lernte Franz früh, schon als 19jähriger erfüllte er alle Wünsche vor dem Hotel Ambassador in Berlin. Unendlich oft hat er seitdem unterschrieben – und sich manches Mal einen kürzeren Namen gewünscht!

Fest im Sattel

Anfang der 70er Jahre ging Franz sonntags oft zum Reiten auf Gut Mischenried (bei München)

Tennis mußte weichen

Franz spielte viele Jahre gerne Tennis. Aber vor zehn Jahren hörte er damit auf – danach fand er Golf spannender

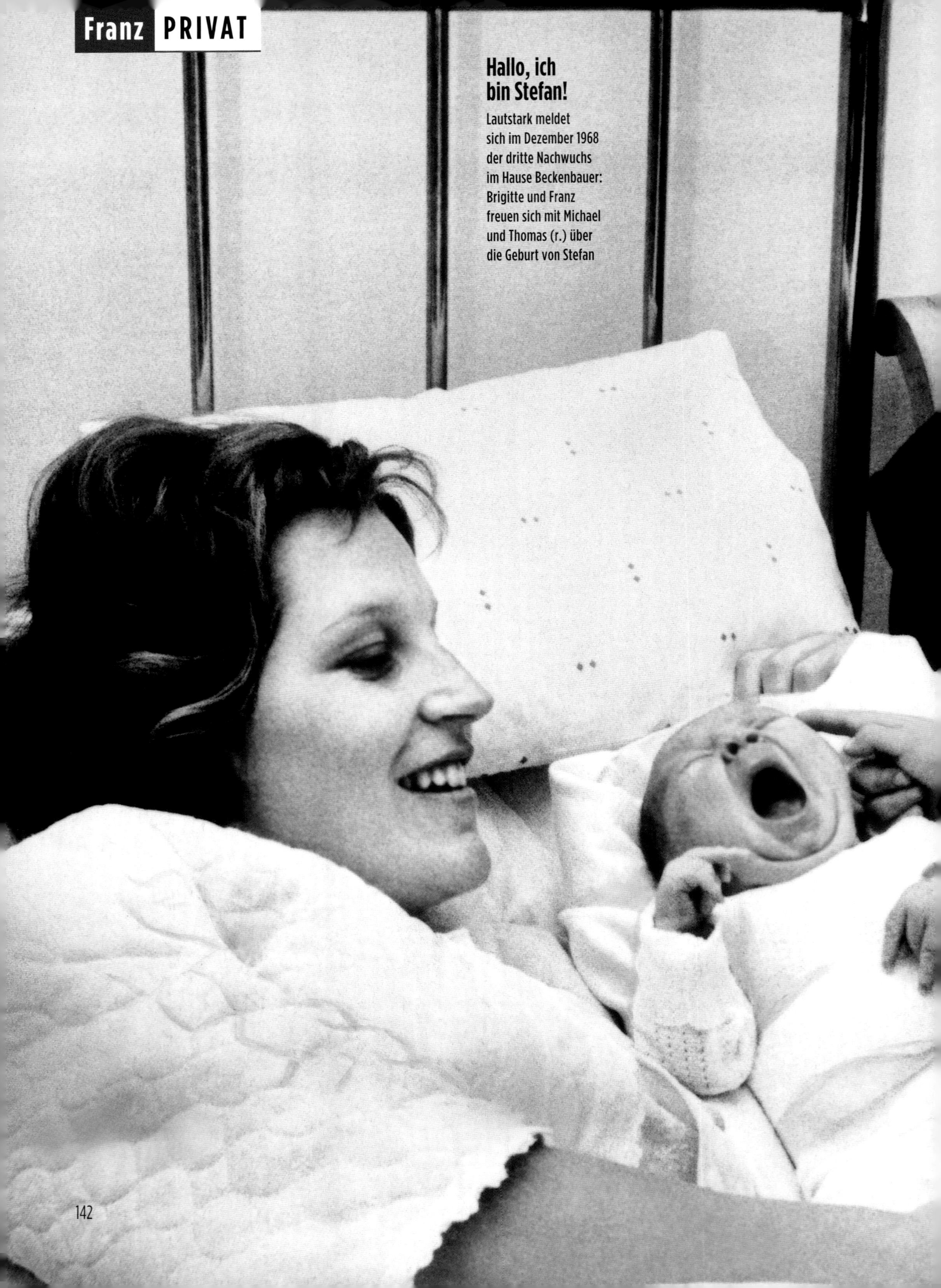

Hallo, ich bin Stefan!

Lautstark meldet sich im Dezember 1968 der dritte Nachwuchs im Hause Beckenbauer: Brigitte und Franz freuen sich mit Michael und Thomas (r.) über die Geburt von Stefan

Bunte Reihe
Franz und seine drei Söhne Stefan, Michael und Thomas (v. l.) im Sommer 1973. Für die gleichen Pullover und Kniestrümpfe sorgte Mutter Brigitte

Von STEFAN BECKENBAUER

Der Name war eine Belastung für mich

Stefan Beckenbauer wurde 1968 als dritter Sohn von Franz geboren. Eine Bundesliga-Saison beim 1. FC Saarbrücken (12 Spiele 1992/93), wurde Trainer

Ich werde oft gefragt, ob mir der Name Beckenbauer in meiner Entwicklung etwas gebracht hat. Ob ich dadurch Vorteile hatte. Nein. Hilfe war er nicht.

Mir ist erst später bewußt geworden, daß der Name eher eine Belastung für mich war. Türen hat er mir allenfalls bei ausgebuchten Lokalen geöffnet, wenn ich einen Tisch bestellt habe – auch als Stefan Beckenbauer.

Als Kind habe ich nie realisiert, daß ich der Sohn eines berühmten Fußballspielers war. Es war für mich normal, daß Papa in der Zeitung stand oder im Fernsehen zu sehen war. Anderen Kindern war das eher bewußt, die waren wohl eifersüchtig und haben mir nachgeschrien „Beckenbauer – Äpfelklauer“.

An ein Familienleben, wie ich es heute mit meiner Frau Nicole und den drei Kindern führe, kann ich mich nicht erinnern. Wir gingen nicht in den Biergarten oder zum Eisessen, ganz zu schweigen von Ausflügen. Nur einmal durften wir mit, als Papa in Israel den Film „Libero“ gedreht hat.

In die Schule brauchte er uns nicht zu fahren, denn da konnten wir zu Fuß gehen. Nur während der WM '74 wurden wir gefahren – von den schwarzen Sheriffs. Die waren bei uns im Haus, nachdem Drohanrufe eingegangen waren. Ich war damals sechs Jahre alt, und für mich war es superinteressant, die Männer mit ihren Pistolen zu erleben.

Ich glaube, mir hat mein Vater damals gar nicht so gefehlt. Ich hatte nur Fußball im Kopf. Nach der Schule den Ranzen in die Ecke geworfen und in den Garten. Da hatte uns der Papa Handball-Tore hingestellt, auf die wir bis zum Abend geballert haben.

Auch heute denke ich noch den ganzen Tag an Fußball und kann jetzt besser nachvollziehen, daß mein Vater früher seine Pausen brauchte und sich nicht immer um uns Kinder kümmern konnte. Erzogen hat uns drei Kinder ausschließlich meine Mutter.

In den 20 oder 25 Jahren, in denen ich Fußball gespielt habe, hat mein Vater vielleicht fünfmal zugeschaut.

Früher hat mir das gar nicht so viel ausgemacht, aber im nachhinein bin ich doch sehr traurig darüber.

In manchen Situationen hätte er mir mehr Druck machen müssen, denn Talent war da. Er hätte mir klarmachen müssen, daß das allein nicht reicht. Heute, als Trainer der U17 beim FC Bayern, weiß ich, was ich von den Burschen verlangen kann. Na ja, so hab' ich vielleicht eine große Karriere verpaßt.

Was ich über meinen Vater weiß, erfahre ich aus der Zeitung. Ein richtiges Familienverhältnis gibt es kaum. Wie meine Brüder das sehen, kann ich nicht beurteilen. Wir sind alle Einzelgänger.

Einmal habe ich meinen Papa wegen privater Probleme angerufen und bin dann mit gemischten Gefühlen zu ihm gefahren. Aber zu meiner Überraschung hat er sich viel Zeit genommen, sich meine Sorgen angehört und mir weitergeholfen. Es ist für mich heute unheimlich wichtig zu wissen, daß ich zu meinem Vater kommen kann, wenn ich Probleme habe.

Seltenes Glück: Franz kickt mit Stefan 1983 in Kitzbühel

Gemütlicher Feierabend ...

„Autsch!" ruft Franz, als seine Söhne Michael und Thomas (r.) auf ihm herumkraxeln. Ob's an solchen Momenten lag, daß Ehefrau Brigitte weit mehr Zeit mit den Kindern verbrachte?

Servus, liebe Familie
Abschied von Brigitte vor dem Haus in München-Solln, Franz muß zum Fußball. Am Gartentor klettern Thomas und Michael (r.)

Ein Smoking mutiger ...

Franz fiel nicht nur auf dem Platz auf, seine Frau Brigitte suchte ihm auch recht eigenwillige Jacken aus. Hier präsentiert beim Filmball in München 1975

... als der andere

Kaum jemand schaute beim 30. Geburtstag von Franz auf die liebevoll gestalteten Marzipan-Fußballer – dazu war das Ehepaar Beckenbauer mal wieder zu auffällig gekleidet

Gute Freunde kann niemand trennen

Gute Freunde sind nie allein,
Weil sie eines im Leben können:
Füreinander da zu sein.

Gute Freunde kann niemand trennen,
Gute Freunde sind nie allein,
Weil sie eines im Leben können:
Füreinander da zu sein.

Laß doch die andern reden!
Was kann uns schon geschehn?
Wir werden heut und morgen
Nicht auseinandergehn

Gute Freunde kann niemand trennen,
Gute Freunde sind nie allein,
Weil sie eines im Leben können:
Füreinander da zu sein.

Gute Freunde kann niemand trennen,
Gute Freunde sind nie allein,
Weil sie eines im Leben können:
Füreinander da zu sein.

Glück kannst du leicht ertragen,
Wenn dir die Sonne scheint.
Aber in schweren Tagen –
Da brauchst du einen Freund.

Gute Freunde kann
niemand trennen,
Gute Freunde sind
nie allein,
Weil sie eines
im Leben können:
Füreinander
da zu sein.

Gute Freunde kann
niemand trennen,
Gute Freunde
sind nie allein,
Weil sie eines
im Leben können:
Füreinander da zu sein.

Gute Freunde,
Gute Freunde,
Gute Freunde,
Gute Freunde.

Diese Scheibe ist ein Hit

Nach der WM 1966 wurde Franz immer populärer, im Oktober bat ihn die Plattenfirma Polydor ins Studio. Die Single mit der auch rund 40 Jahre später noch beliebten B-Seite „Gute Freunde kann niemand trennen“ schaffte es bis auf Platz 7 der Schlagerparade

Dem Franz steht alles

Mit Schmalzlocke, Schnauzbart, langem Fischgrätmantel und Schaftstiefeln macht der fesche Franz eine hervorragende Figur

Neue Heimat am Hudson

Beeindruckend, wie in dieser Stadt die Türme aus dem Boden schießen. Franz Beckenbauer schaut 1977 von einer Dachterrasse in Manhattan bis zum Hudson-River. Am anderen Ufer, in New Jersey, lag sein neuer Arbeitsplatz, das Cosmos-Stadion

Ich bin ein New Yorker

Franz gefiel es von Anfang an in New York. Als er im August 1977 durch die Straßenschluchten spazierte, erkannte ihn kaum jemand. Und der Münchner konnte eine US-Flagge berühren, das Flair einer Weltstadt genießen

Schick in Schale

Für Werbeaufnahmen des Mode-Labels St. John kehrt Franz 1985 gerne in seine „zweite Heimat“ New York zurück

Mama und Tante kommen

So ein Foto schmückt jedes Familienalbum: Mutter Antonie (l.) und Tante Paula besuchen 1978 Franz, der sich in New York durchgesetzt hat

Hier hat's geklickt

Am Rande des Spielfeldes entdeckte Franz die Münchner Sportfotografin Diana Sandmann, die für 11 Jahre seine Lebensgefährtin werden sollte

Besuch im Stadion

Diana lebte mit Franz in New York. Als Rosi Mittermaier zu Besuch kam, drückte sie fürs Privatarchiv auf den Auslöser

Eine Frau mit Stil

Diana, Architektentochter aus Münchens Villenviertel Bogenhausen, sorgte nach der Rückkehr aus New York für eine stilvolle Ausstattung der gemeinsamen Wohnung in Kitzbühel. Franz, damals DFB-Teamchef, konnte sich nach der Rückkehr von seinen Reisen immer wohl fühlen

In der Sonne Kaliforniens

Wer in Amerika spielt, fühlt sich frei. Cosmos-Profi Beckenbauer flog während einer Verletzungspause 1978 zu einem Freund nach Los Angeles. Ließ sich seinen einzigen Vollbart stehen und genoß die heilende Wirkung von Wasser und Sonne

Rosi Mittermaier, Jahrgang 1950, ist seit 2x Gold und 1x Silber bei den Olympischen Winterspielen 1976 in Innsbruck die populärste deutsche Ski-Sportlerin

Von ROSI MITTERMAIER

Ich schätze seine innere Bescheidenheit

Seit über 30 Jahren kenne ich nun schon den Franz – und wenn ich noch so lange überlege, es fällt mir trotz seiner vielen Frauengeschichten nur Gutes über ihn ein.

Er ist großzügig: Nach meinen Erfolgen bei den Olympischen Winterspielen 1976 in Innsbruck (zwei Goldmedaillen, einmal Silber) habe ich von ihm und seiner damaligen Frau Brigitte zwei goldene und eine silberne Rose geschenkt bekommen. Einfach so von Herzen, das hat mich tief beeindruckt.

Er ist hilfsbereit: 1989, damals war er noch Teamchef der Nationalmannschaft, hatten wir ihn zu unserer Geschäftseröffnung nach Garmisch-Partenkirchen eingeladen. Er hatte zuvor einen Termin in Brüssel und hätte von dort direkt zur WM-Auslosung nach Rom fliegen müssen, aber was macht der Kaiser – er bucht alle Flüge um, schaut bei uns in aller Lockerheit vorbei und gibt allen das Gefühl, daß wir sein wichtigster Termin der Woche sind. Einmalig!

Ich schätze an Franz Beckenbauer besonders seinen Einsatz für andere und seine innere Bescheidenheit.

Spaß im Schnee

Rosi und Franz, hier bei einer Schlittenpartie 1982, verbindet die Liebe zu den Bergen und zum Wintersport

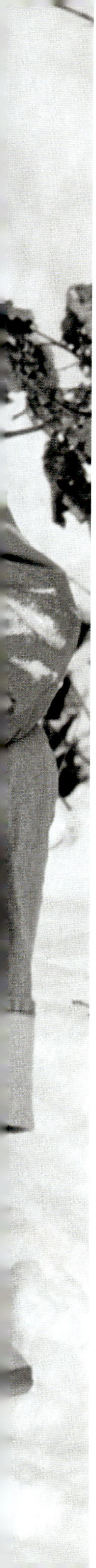

Sitzung zu Hause

Alle Anfragen von Werbung und Medien sprach Teamchef Beckenbauer in seinem damaligen Haus in Kitzbühel mit Nachbar Robert Schwan ab

In Ruhe planen

Auf dem Schreibtisch liegen drei Kalender, hier plante Franz seine Termine als DFB-Teamchef

Hunde sind die besten Freunde

Da haut's Franz fast um: Iwan jagt schon wieder den Ball. Sybille spielt mit der hübschen Donna, die sie Iwan als Spielgefährtin geschenkt hat

Eintracht in Tracht
Der natürliche Folklore-Look steht ihnen gut; Franz und seine zweite Frau Sybille verband die Liebe zur Natur, zu den Bergen

Das Phantom und das Phänomen

Auch mit Sybille leistete sich Beckenbauer Ausflüge in die Kultur. Bei einem Besuch des Hamburger Musicals „Phantom der Oper“ 1990 ließ er sich mit Tenor Peter Hofmann fotografieren. Phantom und Fußball-Phänomen treffen sich ja auch nicht alle Tage

Winterspiele mit Iwan

Einer der besten Freunde von Franz heißt Iwan und ist ebenfalls fußballverrückt. Der deutsche Schäferhund war ein Geschenk zum 52. Geburtstag

Der Kaiser und der Tiger

Als wären sie Zwillinge… Golfspieler Franz Beckenbauer (weiße Kappe, gestreiftes Hemd) und Tiger Woods (blaue Kappe, blaues Hemd), bester Golfer der Welt, rasten bei einem Turnier 2001 in St. Leon-Rot einträchtig auf dem Grün. Schau'n mer mal!

Ein Tänzchen mit Udo
Bei der großen Party zum 50. Geburtstag von Franz durfte sein Freund Udo Jürgens nicht fehlen. 1400 Festgäste kamen in die Schützen-Festhalle auf der Wies'n

Udo Jürgens, Jahrgang 1934, ist erfolgreicher Komponist und Interpret von Hits wie „17 Jahr, blondes Haar" und schrieb die WM-Songs für 1978 und 1990

Von
UDO JÜRGENS

Er bleibt auch im Triumph demutsvoll

Mein schönster Tag mit Franz war der 9. Juli 1990. Am Abend zuvor hatte er als Teamchef der deutschen Nationalmannschaft den Weltmeister-Titel geholt. Ich war bei dem Endspiel gegen Argentinien in Rom dabei, weil ich den WM-Song „Sempre Roma" geschrieben hatte.

Am Morgen nach dem Sieg flog ich mit Franz und der Mannschaft in einer Bundeswehrmaschine zurück nach Frankfurt. Es herrschte ausgelassene Stimmung. Ich war die ganze Zeit an Franz' Seite, der unendlich glücklich wirkte.

Am Frankfurter Flughafen wurden wir von jubelnden Massen empfangen. Besonders Franz stand im Mittelpunkt. Er blieb dennoch immer angenehm zurückhaltend.

Wir brauchten in unseren Mercedes-Limousinen mehrere Stunden bis in die Innenstadt. Immer wieder wurden Absperrungen durchbrochen, die Menschen umarmten uns, reichten uns Champagner.

Auf dem großen Balkon des Frankfurter Rathauses sang ich dann unsere WM-Hymne „Sempre Roma". Franz und die Spieler stimmten ein, dann die 50 000 Menschen vor dem Rathaus. Die Atmosphäre war unbeschreiblich. Franz drückte mir sogar den Pokal in die Hand, den ich hochhalten durfte.

Trotz des vielen Jubels blieb Franz auf dem Balkon wunderbar beherrscht und demutsvoll. Er war sich wohl der Größe dieses Augenblicks bewußt.

„Schläger-truppe“ Franz spielt seit vielen Jahren mit Tim Ackermann, Gregor Wintersteller und Alois Hartl (v.l.)

Von TIM ACKERMANN

Von GREGOR WINTERSTELLER

Von ALOIS HARTL

Gute Freunde kann niemand trennen

Franz und ich kennen uns vom Reitunterricht vor 38 Jahren. Legendär sind seine Ausfälle auf dem Golfplatz. Nach schlechten Schlägen wirft er schon mal den Schläger weg. Auf Gran Canaria schleuderte er mal zwei Driver in einen Baum. In Kitzbühel landete ein Putter im Wasser. „Den kannst dir rausholen“, sagte er zu Rudi Sailer jr. Nach der Runde sagt er zu mir: „Du mußt mal mit Rudi reden, der Putter gehört mir gar nicht. Den habe ich geliehen.“ Mit 100 Mark konnte Franz den Putter beim Besitzer wieder auslösen.

Ackermann handelt mit WM-Merchandising-Rechten

Wir kennen uns seit der Zeit von Franz beim HSV. Und ich habe noch nie jemanden gesehen, der so schnell so richtig reagiert hat. Auf der Fahrt zu einem Golf-Turnier versperrte uns ein Franzose den Weg. Wir hupten, doch das Auto bewegte sich keinen Millimeter. Franz stieg aus und sprach erregt mit dem Fahrer. Der gab Gas und fuhr dabei dem Franz über die Füße. Die folgende Blitz-Watsch'n durch's geöffnete Seitenfenster wird der Franzose sicher nie vergessen.

Wintersteller ist Schmuckhändler in Lübeck

In Niederbayern, da gibt es einen Verrückten – da mußt du hin. Franz folgte dem Rat seines Heilpraktikers Manfred Köhnlechner und kam mit seinem Rückenproblem zu mir nach Bad Griesbach. Das war vor 25 Jahren. Ich hab' ihm gesagt, daß für ihn die Zeit in kurzen Hosen vorbei ist und wir jetzt in langen Hosen Golf spielen. Das war die Geburt des Kaiser-Cups zu Gunsten der Beckenbauer-Stiftung, für die wir in 18 Jahren über 7 Millionen Euro eingespielt haben.

Hartl ist Besitzer von Kur-Hotels und Golfplätzen

Endlich Urlaub!

Heidi winkt happy in die Kamera: Zwischen vielen Terminen genießt sie mit Franz freie Tage in Riccione (Italien) im September 2004. Aber die Arbeit ist immer dabei: Franz trägt das offizielle WM-Polohemd …

Schöne Last

Küßchen nach dem Golf in St. Leon-Rot 2003; Heidi ist im 7. Monat schwanger mit Francesca, der ersehnten ersten Tochter

Mmmmh, Marbella ...

Auch das Hobby Golf verbindet Heidi und Franz, hier im April 2005 in Marbella (Spanien)

Beckenbauers erstes Spiel als deutscher Teamchef am 12.9.1984 in Düsseldorf. Ernst blickt er ins Blitzlichtgewitter. Half nichts: Deutschland verlor 1:3 gegen Argentinien. Aber trotzdem war es der Beginn einer ganz einmaligen Trainer-Karriere

Der Titel-Jäger

Er konnte allen was vormachen

> *Meinst, i bin so blöd und will mich den ganzen Tag ärgern.*
> Franz Beckenbauer

Der Mann liegt im Bett, aber er kann nicht schlafen. Die immer gleichen Fragen hämmern durch sein Hirn – wen und wie? Wen lasse ich spielen? Wie lasse ich spielen? Es gibt viele Möglichkeiten, aber nur eine Lösung. Der Morgen graut schon. Endlich sinkt der Mann in den Schlaf des Erschöpften. Aber er findet noch immer keine Ruhe. Denn nun plagt ihn wieder dieser Traum: Die deutsche Nationalelf kämpft, aber sie kickt erbärmlich, hat bereits zwei Tore gefangen. Die Stürmer schießen weit vorbei, die Verteidiger lassen sich austanzen. Der Trainer, das ist der Mann im Bett, steht machtlos daneben. Nur noch eine Viertelstunde. Jetzt alles oder nichts. Der Trainer wechselt sich selbst ein …

Der Mann heißt Franz Beckenbauer, die Träume haben ihn regelmäßig bei der WM '86 in Mexiko heimgesucht. Später seltener. So kann nur einer träumen, der den Ball beherrschte und das Spiel lenkte – und den Magenschmerzen quälen, wenn er die stümperhafte Treterei seiner Spieler ansehen muß.

Franz Beckenbauer als Trainer, das erinnerte immer an einen Adler, der eine Schar Hühner zu stolzen Greifvögeln ausbilden sollte. Selbst das ist ihm gelungen, sonst wäre er nicht Vize- und Weltmeister geworden. Er war, ohne es recht zu wollen, wieder mal zum Glücksfall für Deutschland geworden.

„Na, i net. Meinst, i bin so blöd und will mich den ganzen Tag ärgern", hatte er jede Frage weggewischt. Bis, ja bis unsere Mannschaft bei der EM '84 jämmerlich ausschied und Bundestrainer Derwall aufgab. Wer nun? Da waren sich Beckenbauers Manager Robert Schwan und die BILD-Zeitung schnell einig: Der Franz (auch damals BILD-Kolumnist) muß es machen! Der Franz eierte aber noch rum: „Ja, klar, es muß was passieren, aber warum ich?" Schwan steckte den BILD-Reportern: Er macht es schon! Die Schlagzeile am nächsten Tag nahm den Kaiser in die Pflicht.

Denn der Franz war, wie frühere Kollegen immer wieder berichteten, „schon als Spieler ein Trainer, ein spielender Trainer. Der hat die Leute auf dem Platz angefaucht, der hat den einen nach vorne geschickt und die anderen nach hinten gescheucht". Er hat bestimmt, wann auf Halten gespielt wurde oder zur vollen Attacke geblasen – dann tauchte er selbst im Strafraum des Gegners auf. Bei der WM '74 hatte er nach dem peinlichen 0:1 gegen die DDR die Mitspieler zusammengefaltet und vom zaudernden Trainer Schön solche Kämpfer oder Schlitzohren wie Bonhof und Hölzenbein gefordert.

Beckenbauer hatte „Ja" gesagt, nun begann eine typisch deutsche Paragraphenreiterei: Aber er besitzt doch gar keine Trainerlizenz! Mühsam bändigte sich der Jähzornige und klärte auf: „Ich habe 20 Jahre auf höchstem Niveau gespielt und bin von den besten Trainern ausgebildet worden. Was sollen die in Köln (DFB-Sporthochschule) mir denn beibringen?" >> SEITE 176

Doppel-Weltmeister

Am 9. Juli 1990 präsentiert Franz Beckenbauer der jubelnden Menge auf dem Frankfurter Römer den goldenen WM-Pokal. Er war der einzige, der als Spieler (1974) UND Trainer (1990) Weltmeister wurde. Das schaffte nach ihm nur noch der Brasilianer Zagallo

Hätte er vielleicht in einem Seminar das Bauchgefühl lernen sollen, mit dem er später sogar eine Weltmeisterschaft entschied?

Teamchef Beckenbauer, natürlich der ideale Trainer. Ihm konnte keiner was vormachen, aber er konnte ihnen allen was vormachen. „Vor dem Franz hatten die Spieler Respekt", empfand Rummenigge. „Er pflegte schon als Spieler eine gewisse Distanz." Von seinen Trainern hatte er sich das Wichtigste abgeschaut: Von Tschik Cajkovski, daß man junge Menschen mit Humor und einfühlsamen Gesprächen aufmuntern kann. Von Branko Zebec, daß man seine Ideen knallhart durchziehen muß. Von Udo Lattek, daß man Spieler mit Sprüchen (manchmal auch beleidigenden) aufputschen kann. Von Dettmar Cramer, daß man Spiel und Taktik des Gegners sorgfältig beobachten und analysieren muß.

Zorn und Zauber

Der Teamchef verlangte viel, und er ließ es die Spieler wissen. Es half nicht immer: Bei der EM 1988 schied Deutschland im Halbfinale gegen Holland aus

Beckenbauer, der Intelligente, verblüffte mit ungeheurem Fleiß. Freund Robert Schwan: „Stundenlang hat er sich Videos von Spielen angeschaut und über der richtigen Aufstellung gegrübelt." Selbst bei drittklassigen Gegnern wie Malta saß er dreimal selbst auf der Tribüne. Schon damals machte er den Reise-Kaiser, denn: „Den Gegner mußt du selber sehen, dann kannst auch was spüren." Er sah fast alles, merkte sich jeden Trick, aber auch Fehltritt. Wenn Deutschland spielte, stand er neben der Bank: „Oder glaubst, i will nur Schuhe, Waden und Stutzen sehen?" Er hat nie was dem Zufall überlassen.

Schon nach zwei Jahren drohte die erste Nagelprobe, die WM 1986 in Mexiko. Der Franz, der Eleganz und Spielkultur verkörperte, hatte erkennen müssen: Nix Eleganz, nix Spielkultur, wir können die anderen nur mit unserer >> SEITE 178

Kraft einschüchtern. Also bot er zeitweise sechs Verteidiger auf. Das Finale hat seine „Holzhacker-Truppe“ nur knapp mit 2:3 gegen den Favoriten Argentinien (mit Maradona) verloren. Aber auch daraus hat Beckenbauer gelernt und es vier Jahre später – wieder im Endspiel gegen die Argentinier – bewiesen. Nachdem er sich vorher wieder mal einen der kaiserlichen Wutanfälle gegönnt hatte. Der damalige DFB-Pressechef Wolfgang Niersbach hat den sehr hübsch geschildert:

„Viertelfinale bei der WM 1990 in Mailand. Wir gewinnen gegen zehn Tschechen mit Hängen und Würgen 1:0. Franz, restlos sauer, stürmt als erster in die Kabine. Ein heftiger Fußtritt trifft einen unschuldigen Massagekoffer. Ich knalle die Tür zu, nachdem der letzte Spieler vom Feld gekommen ist, drücke mit allen Kräften die Klinke hoch. Reinhold Beckmann pocht von draußen ans Holz: ‚Blitz-Interview für die ARD, Blitzinterview, uns läuft die Zeit weg.‘

Den Franz in seinem heiligen Zorn vor die Kamera bringen? Unmöglich. ‚Franz‘, sage ich zaghaft, ‚wir sind im Halbfinale – im Halbfinale.‘ Doch mein Kaiser ist noch nicht fertig mit Klinsmann: Den brüllt er an, er solle gefälligst spielen wie der Klinsmann und nicht wie der Pelé, denn ein Pelé würde er nie werden. Brehme fragt kühn: ‚Trainer, haben Sie nur gute Spiele gemacht?‘ Die Antwort ist ein wildes Fauchen.

‚Flash-Interview!‘ tönt Beckmann von draußen. ‚Franz, Halbfinale‘, schreie ich jetzt verzweifelt. Da dreht Franz sich um: ‚Komm, bringen wir's hinter uns.‘ Und ganz ruhig sagt der Franz ins Mikrophon: ‚Ich muß meiner Mannschaft ein Kompliment machen. Sie gehört zu den besten vier der Welt …‘

Kaum ist das Interview vorbei, geht er wieder in die Kabine – und poltert weiter. Etwas von der ‚blindesten aller blinden Mannschaften‘ ist bei mir im Gedächtnis hängen geblieben.“

Zum Glück hat der Teamchef seine Augen offen gehalten. Im Halbfinale hatte Olaf Thon beim Sieg über England aufgetrumpft wie noch nie, er war für das Finale gesetzt. Doch dann lief, völlig überraschend, Littbarski auf. Warum das denn, Franz? „Ja, ich wollte auch den Olaf spielen lassen. Deshalb habe ich ihn mir beim Kaffeetrinken am Nachmittag noch mal genau angeschaut. Und dann den Litti. Plötzlich wußte ich, wer spielen muß. Ich hatte es irgendwie im Bauch.“ Deutschland gewann 1:0, Littbarski kämpfte und trickste weltmeisterlich.

Beckenbauer, der auch immer ein wenig auf den Einfluß von oben vertraut: „Das war mein 66. Spiel als Trainer. Die 6 ist eben meine Glückszahl und eine doppelte 6 erst recht.“ Er war zum zweiten Mal Weltmeister geworden und fühlte – wie in den Sekunden, als er alleine über den Rasen schlenderte – „eine gewisse innere Leere, fast ein Loch“. Später schob er nach, er hätte „als Sportler und Trainer keine Ziele mehr“.

Na ja, er vielleicht nicht, aber andere. Einmal hat der Franz noch in Marseille ein Gastspiel gegeben; er wollte dem damaligen Präsidenten Tapie, auch adidas-Chef, eben helfen. Und zweimal mußte er am Saisonende bei den Bayern einspringen – übrigens der billigste Trainer, den der Verein je hatte: „Ich war ja Präsident, da konnte ich von mir selber doch nichts verlangen.“ Aber abgeliefert hat er immerhin eine Deutsche Meisterschaft und einen UEFA-Cup-Sieg …

Alles bedacht

Auch als Teamchef war Franz der fleißige Arbeiter. Während der WM-Turniere ließ er sich Statistiken und Videos über die Gegner zuliefern, schleppte auch mal Bälle

Er lebe hoch!

Zweimal übernahm Klub-Präsident Beckenbauer die Bayern während der Saison als Trainer. 1994 wurden sie mit einem Punkt vor Lautern Meister, Labbadia und Jorginho (r.) nahmen ihren Chef auf die Schultern. 1996 wurde Bayern unter Franz Vizemeister und UEFA-Cup-Sieger

Premiere ging daneben

Böser Blick beim Debüt auf der Bank: Deutschland unterlag Argentinien in Düsseldorf 1:3. Die erste Elf des Teamchefs Beckenbauer (12.9.84): Schumacher; Brehme, Bruns, Jakobs, Frontzeck; Bommer, Matthäus, Magath, Falkenmayer; Völler, Mill

Auf geht's, Buam!

Seine Spieler wirkten beim Training 1986 in Mexiko nicht immer voller Elan. Aber Franz brachte alle auf Trab und führte seine Elf ins Endspiel

Heiße Zeiten ...

Während der Teamchef beim ersten WM-Spiel 1986 im sonnigen Queretaro die Nationalhymne mitsang, ließ Dieter Hoeneß die Beine bräunen, und Allgöwer (r.) behielt zur Vorsicht die Mütze auf

Eng verbunden

Teamchef Beckenbauer setzte von Anfang an auf den Kölner Torwart Toni Schumacher, schickte dessen starken Rivalen Uli Stein sogar von der WM 1986 nach Hause. Der hatte den Teamchef „Suppenkasper“ genannt

Von TONI SCHUMACHER

Als Franz bei mir die Hantel stemmte

Harald „Toni" Schumacher, Jahrgang 1954, spielte 76mal für Deutschland und gehörte zu den besten Torhütern Europas

Franz und seine Freunde. Ich gehöre dazu und das macht mich stolz. Obwohl Franz Beckenbauer für mich kein hemdsärmliger Kumpel ist, mit dem ich regelmäßig ein paar Bier kippe, sondern eine absolute Respektperson. Franz, der ewige Teamchef, oder so …

Ich liebe es, mit ihm über Fußball zu reden. Weil er alles selbst erlebt, selbst gefühlt hat. Das macht ihn so stark, authentisch. Und genau deshalb ist er eine Autorität. Auch früher als Teamchef.

Jedes Wort habe ich ihm in den Mannschaftssitzungen von den Lippen abgelesen. „Geht's raus und haut die Blinden weg, die können gar nichts." So war's dann auch, zumindest meistens.

Ich wäre so gerne Weltmeister mit und unter Franz geworden. Dann hätten wir es richtig krachen lassen mit Rotwein und dicker Zigarre! Aber auch meinen Vizeweltmeister-Titel habe ich Franz zu verdanken! 1986 ging mir der Knatsch um Uli Stein auf die Nerven, ich wollte abreisen. Im Hotelzimmer habe ich meine Wut mit Hantel-Training bekämpft. Dann kam Franz, sagte kein Wort, sondern wollte eine Hantel stemmen – und hätte sich fast einen Bruch gehoben. Wir haben uns kaputt gelacht – so war das Problem gelöst!

Als ich vor 2½ Jahren zum dritten Mal Vater wurde, habe ich meiner Frau Jasmin gesagt: Ein Mädchen heißt Paula, ein Junge Franz! Es wurde eine Tochter. Obwohl: Franz Schumacher, das wäre es doch, oder?

WM-Finale im Aztekenstadion

Nach zwei Jahren als DFB-Teamchef dirigierte Franz schon in einem WM-Endspiel. Doch alle Fingerzeige halfen nicht: Deutschland unterlag 1986 Argentinien 2:3

König Diego

Der großartige Diego Maradona führte Argentinien zum verdienten WM-Sieg. Und verlor den Titel vier Jahre später in Rom an Deutschland und Beckenbauer

Von EGIDIUS BRAUN

Er ließ Dinge los, da war ich sprachlos

Egidius Braun, Jahrgang 1925, war von 1992 bis 2001 Präsident des Deutschen Fußballbundes

Wer es mit mir aushält, wird 100 Jahre alt. Mit dieser Überschrift in der „BILD" gratulierte mir Franz Beckenbauer vor kurzem zur Vollendung meines 80. Lebensjahres.

Wenn ich mal nicht 110 Jahre alt werden muß! Blut und Wasser habe ich 1986 als DFB-Delegationsleiter bei der WM in Mexiko geschwitzt, als Franz Beckenbauer Teamchef war. In seiner noblen bayerischen Art ließ Franz Beckenbauer bei Problemen mit Spielern und Pressevertretern manchmal Dinge los, die mir den Atem verschlagen haben.

Vor 40 Journalisten zum Beispiel erklärte er: „Sie, wissen's, was Sie schreiben, des interessiert mi überhaupt net. Des interessiert nur so viel, als wenn in Peking a Radl umfällt." Da war was los!

Nach meinem heftigen Fußtritt unter dem Tisch die unschuldige Frage im O-Ton Franz: „Hab' i was Falsches g'sagt?" Einfach entwaffnend!

Insgesamt aber war Mexiko 1986 das Fundament einer großartigen Partnerschaft und tiefen Freundschaft. Sie hat uns seitdem bei unserem gemeinsamen Engagement für Bedürftige sehr geholfen. Am meisten profitieren davon die Kinder in Not. Wenn ich den Hörer in die Hand nehme: „Franz, du mußt helfen", habe ich noch nie eine Fehlbitte getan.

Ein fuchsteufelswilder Teamchef beim WM-Spiel 1990 gegen die CSSR (1:0)

Ja, Kruzifix, ihr Blinden ...

... seid's ihr alle narrisch ...

... schöner Fehlpaß, großartig ...

... ah, geh! Ihr werdet niemals Weltmeister

Das Lächeln ist zurück
Auf dem Rückflug vom WM-Finale 1990 in Rom: Franz lächelt mit Kapitän Matthäus und Siegtorschütze Brehme – der Pokal ist unser!

Lothar Matthäus, Jahrgang 1961, ist Deutschlands Rekordnationalspieler (150 Länderspiele), er war Kapitän der Weltmeisterelf 1990

Von LOTHAR MATTHÄUS

Kein Trainer hat mich je so beleidigt

Franz ist einer der liebenswertesten Menschen, die ich kenne. Eigentlich ...

In der Kabine lernten wir Nationalspieler auch den anderen Franz kennen. Wir waren gerade ins Halbfinale der WM 1990 in Italien eingezogen, hatten die Tschechoslowakei durch ein Elfmetertor von mir mit 1:0 ausgeschaltet. Wir ließen uns im San Siro von Mailand feiern, kamen überglücklich in die Kabine – und trauten unseren Augen und Ohren nicht.

Da stand Franz Beckenbauer in der Mitte, tobte wie ein HB-Männchen, schrie: „Raus, raus, ich will hier keinen mehr sehen!" Er warf die DFB-Funktionäre, die uns gratulieren wollten, hochkantig raus, unter anderem sogar den späteren DFB-Präsidenten Egidius Braun.

Dann knallte er die Tür zu, daß der Putz von den Wänden rieselte. Und hielt eine Brandrede, wie ich sie vorher und nachher nie mehr gehört habe.

„Ihr seid die größten Deppen, die ich kenne", brüllte Franz. „Ihr seid Blinde!" Der Rest ist leider nicht druckreif. Dann warf er einen Fußballschuh an die Wand, trat gegen die Tür, stieß den Kübel mit den Eiswürfeln um.

Ich schaute Andy Brehme fassungslos an. So beleidigende Worte hatten wir als Spieler von einem Trainer noch nie gehört. Nach fünf Minuten Dauer-Toben stürmte Franz raus. Und wir saßen da wie ein Häuflein Elend – obwohl wir im Halbfinale der WM waren.

Was Franz damals so auf die Palme gebracht hat? Nach meinem Führungstor hatten wir Chancen für ein 4:0, doch wir nutzten nicht eine. Wir spielten plötzlich so überheblich, daß die Tschechen sogar das Kommando übernahmen und das Spiel noch hätten drehen können.

Franz hatte die Situation genau richtig erkannt, er wollte uns mit seinem Wutanfall wachrütteln. Er wollte uns den Leichtsinn austreiben und uns bei der Ehre packen.

Das ist ihm gelungen. Sieben Tage später waren wir Weltmeister ...

Impulsiv!

An der Seitenlinie zeigte der sonst so charmante Franz seine aggressive Seite: Er drohte mit der Faust, seine Gesichtszüge entglitten (unten), wenn der Erfolg in Gefahr kam

Der goldene Schuß

In der 85. Endspiel-Minute schoß Andreas Brehme (Nr.3) den Ball an dem argentinischen Torwart Goycochea vorbei ins Netz. Deutschland wird Weltmeister

„We Are The Champions“

Franz im Kreise seiner Helden. Kapitän Lothar Matthäus zeigt der ganzen Welt: Wir sind die Größten! Das wiedervereinigte Deutschland feiert seine Weltmeister

Völlig losgelöst
Ein Helden-Foto! Franz inmitten seiner jubelnden Weltmeister

Allein im Triumph

Als Franz Beckenbauer nach dem Endspiel-Sieg allein über den Rasen des dröhnenden Olympiastadions von Rom ging, bewegte dieses TV-Bild 30 Millionen Deutsche, zwei Milliarden Menschen weltweit

Start ins nächste Abenteuer

„Gegen den Mann kannst du dich ja nicht wehren", sagte Franz über Bernard Tapie und stieg mit dem Franzosen in den Privatflieger nach Südfrankreich. Ab September 1990 war er gutbezahlter Trainer von Olympique Marseille

Wieder an der Seitenlinie

Die Auszeit nach dem WM-Sieg 1990 hielt nur drei Monate. Doch im Stade Velodrome wurde „Le Kaiser“ nicht glücklich. Im Sommer 1991 stieg er vorzeitig in Marseille aus

Erste Skepsis

Franz merkte bald, daß Klubchef Tapie das Sportliche mitbestimmen wollte. Mit den Spielern verstand er sich besser, Olympique erreichte 1991 das Endspiel der Champions League

Kalt erwischt

Im Winter 1993/94 schwächelten die Bayern. Vizepräsident Beckenbauer ließ sich überreden, auf die Bank zurückzukehren. Der „Kaltstart“ mißlang: Am 13. Februar setzte es bei 10 Grad minus ein 1:3 gegen den VfB Stuttgart

Ein Auge für Titel
Das halbe Jahr auf der Bank wurde erneut von Erfolg gekrönt: Der Teamchef und sein Kapitän Klaus „Auge" Augenthaler feierten die 13. Deutsche Meisterschaft des FC Bayern

Die Sieges-Zigarre

Geliebtes Ritual nach großen Erfolgen: Franz genießt nach der Meisterschaft 1994 eine edle Zigarre, seine Favoritin ist die Davidoff

Der legendäre Kunstschuß: Nach dem Titelgewinn 1994 waren die Bayern Gäste im ZDF-Sportstudio.
Lothar Matthäus (links im Bild) legte beim Torwandschießen den Ball für Franz auf ein volles Weißbierglas – doch der Teamchef traf auch mit Handicap, einmalig!

Frostige Stimmung
Die Mienen sprechen Bände. Im April 1996 war Präsident Beckenbauer mit Trainer Rehhagel nicht zufrieden. Im Nachhinein gestand Franz: „Otto zu entlassen war ein Fehler“

Otto Rehhagel, Jahrgang 1938, holte als Trainer von Werder Bremen und Kaiserslautern 7 Titel und machte Griechenland 2004 zum Europameister

Von OTTO REHHAGEL

Na gut, er hat mich gefeuert

Ich, der „Rehakles“, bin ja geradezu prädestiniert, es so zu sagen: Ein Loblied auf den „Kaiser“ zu singen, hieße Eulen nach Athen zu tragen…

Im Ernst: Franz Beckenbauer hat soviel für den Fußball geleistet – da kommt einfach kein anderer mit! Sein Leben ist ein einziges Märchen. Weltmeister als Spieler und als Teamchef, Europameister, Europacupsieger, Deutscher Meister. Er hat uns die WM 2006 ins Land geholt. Eigentlich mußt du ihm stundenlang Beifall klatschen.

Ja, der Franz, der kann's. Ich hatte nur einmal eine „Verspannung“ mit ihm. Das war, als er mich 1996 vor den beiden UEFA-Cup-Endspielen gegen Bordeaux bei den Bayern entließ. Klar, daß ich damals sauer war. Vorbei, abgehakt! Franz hat sich später bei meiner Frau Beate dafür entschuldigt – wir sind längst wieder Freunde.

Was ich an ihm bewundere: Er ist als Fußballexperte genial. Er ist darüber hinaus, wenn er sich ein Ziel gesetzt hat, ein Fleißarbeiter ersten Ranges. Und er ist, bei allen Erfolgen, total bescheiden geblieben.

Ich sage immer: Die Fans verehren Franz so sehr – die würden ihm sogar abnehmen, wenn er plötzlich verkünden würde, der Ball sei eckig…

Wiedersehen in München

Sechs Jahre nach dem WM-Titel 1990 trafen sich der Teamchef und Torjäger Klinsmann beim FC Bayern wieder

Von JÜRGEN KLINSMANN

Er gab mir Selbstvertrauen

Jürgen Klinsmann, Jahrgang 1964, spielte 108mal für Deutschland und ist seit 2004 Bundestrainer

Ich bewundere an ihm besonders, wie er jedem Menschen mit gleich viel Respekt begegnet. Egal, ob es sich um einen jungen Fan, einen Rentner oder eine berühmte Persönlichkeit handelt. Diese Gabe ist phänomenal. Man merkt es an der Art, wie er Autogramme schreibt. Da wird nichts hingekritzelt oder abgekürzt, sondern der Namenszug immer nahezu perfekt ausgeführt. Und meistens hat er dazu noch einen freundlichen Spruch für den Autogrammsammler. Diese Gabe ist einzigartig – und sollte für alle Vorbild sein.

Durch seine Ausstrahlung und seine positive Art gab er mir immer Selbstvertrauen, und er sorgte auch dafür, daß ich immer Freude am Fußball hatte. Auch wenn er mich bei seinem legendären Wutausbruch 1990 im WM-Viertelfinalspiel gegen die Tschechoslowakei anschrie: „Mach hier nicht den Pelé!"

Es ist ein grundsätzliches Problem des Fußballs, daß sich viele für unersetzlich halten. Der einzige, der allerdings über all die Jahre hinweg nicht zu ersetzen war, war Franz Beckenbauer. Daß er da widersprechen wird, nehme ich gerne in Kauf, es ändert nichts an meiner Meinung.

Das Jahr der Unfälle ...

Auch ein Kaiser sieht nicht immer makellos aus. 1996 ging die Jagd nach der Meisterschaft schief. Den Sturz am Zaun nahm Franz noch mit Humor. Doch das blaue Auge aus dem Trainingsspiel tat sichtlich weh

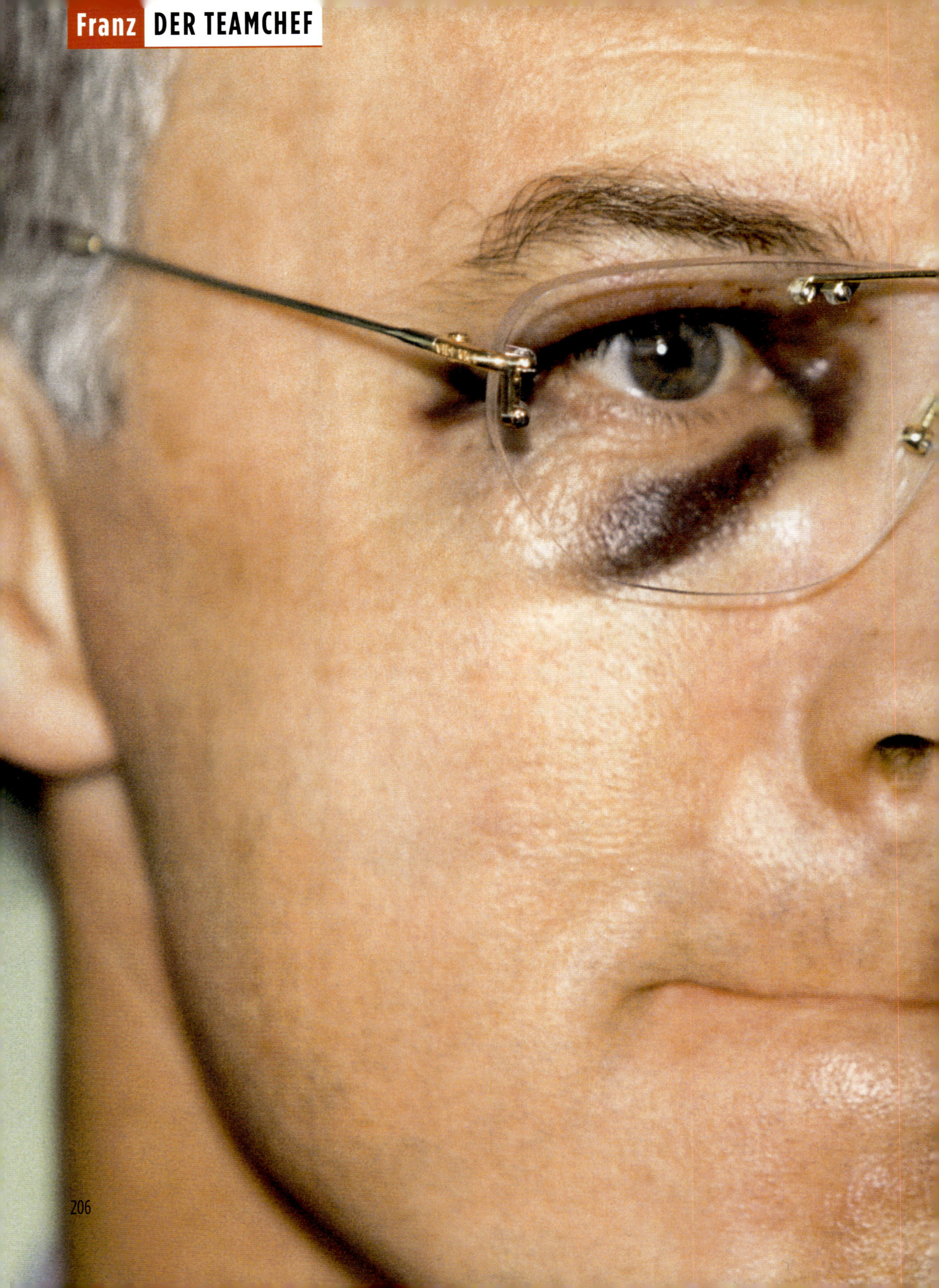

Mit einem blauen Auge davongekommen

Im Training war ihm der Ball auf die Brille geflogen, der Bluterguß rund ums kaiserliche Auge wurde zum Symbol: Die Bayern verpaßten die Meisterschaft, doch der UEFA-Cup-Sieg ersparte Franz viel Häme...

Sein letzter Jubel als Trainer

Nach 12 Jahren auf der Trainerbank durfte Franz zum Abschied feiern. Die Bayern gewannen beide Endspiele um den UEFA-Cup gegen Girondins Bordeaux (2:0, 3:1). Erst viel später erklärte Franz den UEFA-Pokal zum „Cup der Verlierer“ …

Titel Nr. 22

Kapitän Matthäus stemmt in Bordeaux den UEFA-Cup. Es war Titel Nr. 22 als Spieler und Trainer für ihren Teamchef

Franz, der Macher

Franz und die WM – zwei Begriffe, die untrennbar miteinander verbunden sind. Mit der Vergabe der WM 2006 nach Deutschland schaffte Franz einen einmaligen Hattrick: Er holte die WM dreimal nach Deutschland – als Spieler 1974, als Trainer 1990 und als Funktionär für 2006

Er wollte nie etwas werden

Franz Beckenbauer hat sich oft gewundert: „Alle wollen was von mir!“ Und hat damit leben müssen, daß er nie was werden wollte, aber immer gerufen wurde. Daß er – der sich mit Trainern und Präsidenten, mit DFB-Funktionären und UEFA oder FIFA-Bossen zornig angelegt hat – plötzlich auf der anderen Seite saß. Als Trainer, als Präsident, als DFB-Vizepräsident, als Chef des WM-Organisations-Komitees und möglicherweise bald als UEFA-Präsident.

Dafür gibt es drei Gründe:

- Erstens braucht man einen solchen Fach- und Strahlemann überall.
- Zweitens kann er wirklich schlecht „nein“ sagen.
- Drittens, wie Ex-Frau Sybille gespürt hat, „macht er das mit dem Fußball, weil sein Herz spricht“.

Okay, ein wenig Kalkül ist auch dabei, denn Beckenbauer lebt von seinen Werbehonoraren. Da helfen Auftritte im Fernsehen bei Bayern-Spielen in der Bundesliga oder Champions League schon; ein Franz auf allen Kanälen sozusagen.

Bevor nach Spieler und Trainer die dritte Laufbahn begann, hatte der Franz manchen bösen Scherz gegen die Funktionäre geschleudert. Wie etwa, daß „in der Bundesliga manche einen Verein führen, die nie gegen einen Ball getreten haben und sich sofort die Hax'n brechen würden“. Daß „beim DFB manche vom Tuten und Blasen keine Ahnung haben“. Daß die Spitzen von UEFA und FIFA „teilweise völlig weltfremde Kasperl“ seien.

Wenn der DFB meint, daß ich künftig ruhig bin, nur weil er mich engagiert hat, dann täuscht er sich.
Franz Beckenbauer

Selbst den DFB-Präsidenten Egidius Braun verhöhnte der wütende Kaiser. Beckenbauer hatte vorgeschlagen, die Bundesliga – also den Profibetrieb – vom DFB zu trennen, in dem die Amateurklubs die Mehrheit haben. Braun wehrte sich: „Beckenbauer zeigt, daß er nicht weiß, wo es lang geht.“ Franz konterte: „Wenn Herr Braun dagegen ist – meinetwegen. Man kann ja auch noch als Erwachsener mit einem Schnuller rumlaufen.“ Die Liga spaltete sich bald unter dem Dach der DFL vom DFB ab.

Das war wieder ein echter Beckenbauer, diese Mischung aus „liebenswertem Poltergeist und postmodernem Luzifer“, wie die Wirtschaftszeitung „Handelsblatt“ bemerkte. Der auch als Bayern-Präsident seinen Verteidiger Jorginho nach einem schlechten Spiel spitz fragte: „Bist a Brasilianer oder bist a Holzfuß?“

Die Funktionärs-Karriere in Riesen-Schritten: 1991 Vizepräsident bei Bayern, 1994 Präsident – er wollte den Machtkampf zwischen dem amtierenden Chef Scherer und dem aufstrebenden Rummenigge verhindern. Scherer, der sich dann mit dem Vize begnügte: „Nur für Franz habe ich meinen Stuhl geräumt.“ 1998 wählten die Delegierten des DFB-Bundestages den Kaiser zum Vizepräsidenten. Sie hatten wohl gehofft, der große Kritiker werde nun schweigen. Sie kannten ihn schlecht: „Wenn der DFB meint, daß ich künftig ruhig bin, nur weil er mich engagiert hat, dann täuscht er sich.“

>> SEITE 214

Der Staatsmann des Fußballs

Nach vielen Jahren in kurzen Hosen und auf der Trainerbank fühlt sich Franz nun als Funktionär wohl in seiner Haut: „Die großen Dinge werden in den Ehrenlogen in Bewegung gebracht“

Der Franz war sowieso nur an einer Stelle zu packen – an seiner Ehre. Deutschland wollte die WM 2006 haben. Wer anders als der weltweit verehrte Beckenbauer sollte da den „Vorsitz des Bewerbungskomitees" übernehmen. 300 000 Kilometer flog er um die Welt, schmeichelte und versprach, sogar auf Samoa, wo er vor Freude über eingesammelte Stimmen nachts nackt auf dem Hotelflur tanzte.

Später, als Deutschland knapp mit 12 zu 11 Stimmen gegen Südafrika siegte, durfte er Kanzler Schröder, Fotomodell Claudia Schiffer, Tennislegende Boris Becker und den alten Kumpel Günter Netzer umarmen.

Zu Hause regnete es Lob: „Größter sportpolitischer Erfolg des vereinigten Deutschlands" (FAZ). „Mit Beckenbauer war ein nichtstaatstragender Ersatz-Außenminister unterwegs, der genauso unangestrengt Politik zu machen vermag, wie er Fußball spielte" (Der Spiegel). Die BILD-Zeitung zeigte ihn auf Seite1 sogar blatthoch als Denkmal. Der Kaiser wurde nun zum Präsidenten des Organisations-Komitees der WM bestellt und wußte: „Ich rechne mit viel Arbeit, aber das ist mir die Sache wert."

Beim Confederations Cup im Juni 2005, der Mini-WM, übte er schon mal das Umhängen der Medaillen (aber, da bleibt er Kenner, den Kopf tätschelte er nur den besten Spielern). Vor der WM will der OK-Präsident noch mal die 31 auf der ganzen Welt verstreuten Länder abfliegen, die sich für die WM in Deutschland qualifiziert haben.

Der Moment des Sieges

6.7.2000, Zürich: Gerade hat Deutschland den Zuschlag bekommen. Franz lächelt beherrscht, Horst R. Schmidt (l.) und Otto Schily applaudieren

Die deutsche Mannschaft
Franz Beckenbauer konnte für die Bewerbung um die WM 2006 ein Top-Team gewinnen, v. l. Boris Becker, Claudia Schiffer, Günter Netzer (halb verdeckt), Gerhard Schröder, Otto Schily, Rudi Völler und Karl-Heinz Rummenigge

Und immer noch wollen sie was von ihm. 2007 soll er zum UEFA-Präsidenten gewählt werden. Obwohl er doch nur noch in seinen Bergen sitzen und sich „in einem anderen Lebenskreis verwirklichen wollte". Warum also dieses zweithöchste (und wahrscheinlich mächtigste) Amt im internationalen Fußball? Zwei oder drei Tage in der Woche würde unser Kaiser dann am Genfer See residieren und das Spiel und den Ernst des Lebens vortrefflich verbinden: „Weißt, solche Reisen geben dir ja wirklich was. Als wir die paar Tage auf Samoa waren, da hat man gemerkt, wie wenig der Mensch braucht. Die laufen in ihren Turnhosen herum, liegen oder schlafen in ihren offenen Hütten und sind zufrieden."

Der Franz, entspannt in Polo-Hemd und Sportsakko, ist es auch. Gerade hat er auf dem Anmeldezettel eines Hotels unter Beruf hingeschrieben: „Gelegenheitsarbeiter". Solche Witzchen liebt er. Und weiß gleichzeitig, daß er noch viele Gelegenheiten zur Arbeit bekommen wird.

Titelsammler

Daß drei ehemalige Spieler – Uli Hoeneß, Karl-Heinz Rummenigge und Franz Beckenbauer – ihren Klub als Funktionäre auf Weltniveau heben, gibt es nur beim FC Bayern

Uli Hoeneß, Jahrgang 1952, spielte in den erfolgreichen 70er Jahren für Bayern und die Nationalelf und ist seit 1979 Bayern-Manager

Von ULI HOENESS

Wo der Franz auftritt, da öffnet sich

Es war im November 1994, als Franz Beckenbauer Präsident des FC Bayern wurde. Ich kann das in einem Satz zusammenfassen: Das war und ist für uns eine wunderbare Geschichte!

Er ist ein Aushängeschild für diesen Verein, er hat unser Prestige in all den Jahren immer mehr gesteigert. Wo der Franz auftritt, da öffnet sich jede Tür. Wo er einmarschiert, da ist der FC Bayern aufs allerbeste repräsentiert.

Bereits legendär sind unsere Präsidiumssitzungen in den neunziger Jahren. Da haben wir oft zwei, drei Stunden über alles diskutiert, uns oft auch befetzt, was das Zeug hielt. Aber immer im Interesse des Ganzen.

Und wenn wir fertig waren, dann kamen die Schafkopfkarten raus. Der Franz hat immer ziemlich riskant gespielt – und dann auch meistens verloren.

Es war die Zeit, als wir wirklich noch sehr viel Zeit miteinander verbrachten.

Das hat sich leider ein bißchen geändert, seit der Franz nun Chef des Aufsichtsrates der Bayern AG – und erst recht, seit er der Boss des WM-OK ist. Zum Schafkopfen kommen wir leider nicht mehr so oft ...

Ich kenne den Franz jetzt 35 Jahre. Eine Freundschaft, die ich nie missen möchte.

Gratuliere, lieber Uli!
Eine herzliche Umarmung für Uli Hoeneß zu dessen 25jährigem Dienstjubiläum als Bayern-Manager 2004

jede Tür schon fast automatisch

Was mich immer beeindruckt hat, schon als wir noch Spieler waren: seine Arbeitsdisziplin. Er hat seinen Job immer ernst genommen, immer alles dafür getan.

Als er Trainer war, da kam er morgens um 8 und ging als letzter abends um 20 Uhr. So etwas habe ich noch bei keinem anderen erlebt.

Und genauso hat er sich in die Aufgabe hineingestürzt, als er die WM 2006 für Deutschland holte. Das war eine grandiose Leistung, vielleicht die größte seiner Karriere. Wir waren ja kurz zuvor mit der Olympia-Bewerbung Berlin mit Glanz und Gloria durchgefallen. Wer hätte da an so ein Welt-Ereignis wie die WM in Deutschland gedacht?

Aber mit enormem Fleiß, mit einem irren Aufwand, mit Reisen in alle Winkel der Welt hat es der Franz geschafft.

Und ich weiß, weil ich ihn kenne: Da mußte er oft genug über seinen Schatten springen, diplomatisch sein, anderen die Füße küssen.

Der internationale Fußball kann auf so einen Mann nicht verzichten. Wenn er sich was in den Kopf setzt, dann setzt er das auch durch.

Ich kann ihm und uns allen nur eines wünschen: Daß er dem Fußball noch unendlich lange erhalten bleibt!

Am Ende der Welt

WM-Werbetour 2000 auf Samoa. Der Damenchor sammelt sich, im Zelt wartet das Essen. Doch Franz schaut etwas verloren zu – sollte er sich im Wickelrock nicht richtig wohl fühlen?

Auftritt in Kuala Lumpur

Der rote Teppich ist ausgerollt, als Franz 2000 Asiens Verband besucht. Hinter ihm Botschafter Norbert-Heinrich Holl (l.) und Fedor Radmann

Sterne der Südsee

Hier wird gerade große Politik gemacht. In einem Zelt auf der Südsee-Insel Samoa gewinnt Franz (im Pareo-Tuch statt Hose) die WM-Stimme von Ozeaniens Verbandschef Charles Dempsey. Auch Sepp Blatter (M.) steht der landestypische Blumen-Look prächtig

And the winner is ...

Großer Moment für Franz Beckenbauer. Sepp Blatter gibt am 6.7.2000 in Zürich den WM-Ausrichter 2006 bekannt: „And the winner is Deutschland"

Von JOSEPH BLATTER

Er ist überall auf der Welt willkommen

Joseph Blatter, Jahrgang 1936, aus der Schweiz ist seit 1998 Präsident des Weltfußballverbandes FIFA

Was mir schon bei unserem ersten Treffen, einem Journalisten-Fest bei Olympia 1972, auffiel, war die traumwandlerische Sicherheit, mit der sich Franz nicht nur auf dem Rasen, sondern auf jedem Parkett bewegte. Die Eleganz mit und ohne Ball, seine Intuition. Führen war und ist für ihn seit jeher etwas Natürliches, als Spieler, Mannschaftskapitän, Trainer, Vereinsvorstand und nun als Präsident des deutschen Organisationskomitees für die FIFA-WM 2006.

Besonders faszinierend für mich ist sein Marsch durch alle Instanzen des Fußballs hindurch, vom einfachen Giesinger Burschen zum Kaiser der deutschen Fußball- und Sportwelt, vom schüchternen Jüngling zum weltgewandten Botschafter eines entspannten, selbstbewußten Deutschland.

Franz Beckenbauer ist nicht nur ein begnadeter Ballkünstler. Er ist ein Glückskind und dazu noch ein Glücksfall für die deutsche Nachkriegsgeschichte.

Franz, der großartige Diplomat, ist überall auf der Welt willkommen, in Aschaffenburg ebenso wie in Alaska oder in Apia auf Samoa. Selbst im einheimischen Ornat macht er eine gute Figur. Dieser Tag in der Südsee wird mir immer in Erinnerung bleiben, so wie viele andere kostbare und geistreiche Augenblicke, die ich mit ihm geteilt habe. Ihm und mir wünsche ich, daß noch viele solcher Momente kommen werden.

Guter Gastgeber

Beim Confederations Cup 2005 in Deutschland besuchte Franz alle Mannschaften. In Köln wagte er vor dem Spiel Deutschland – Tunesien ein Tänzchen mit einer tunesischen Folkloregruppe

Glückwunsch, Brasilien!

Nach dem Finale in Frankfurt gratulieren Bundespräsident Köhler, FIFA-Chef Blatter und Franz (flachst mit Robinho) dem Turniersieger Brasilien

Ballkünstler unter sich

Da verstehen sich zwei: Franz plaudert nach der Siegerehrung des Confed-Cups noch etwas mit Brasiliens Kapitän Ronaldinho, dem überragenden Spieler des Turniers

Zwei Chefs im Doppelpaß

FIFA-Präsident Josef Blatter und WM-Chef Beckenbauer spielen sich seit Jahren die Bälle zu, hier beim Fototermin ein Jahr vor dem WM-Eröffnungsspiel in der Münchner Allianz-Arena. Blatter könnte sich Franz als seinen Nachfolger vorstellen. Ob's dazu kommt? Schau'n mer mal

Die Köpfe der WM

OK-Chef Beckenbauer arbeitet Hand in Hand mit seinen drei Vize-Präsidenten Wolfgang Niersbach, Fedor Radmann und Horst R. Schmidt (v.l.). Inzwischen gehört auch DFB-Präsident Dr. Theo Zwanziger (kl. Foto) zum WM-Team

Immer an der Seite

Seit Jahren ein eingespieltes Team: Franz und seine engsten persönlichen Mitarbeiter, Dr. Wilfried Krebs (l.) und Marcus Höfl

Über den Wolken

Vom Hubschrauber bis zum Learjet – Vielflieger Beckenbauer kennt sie alle. Vor der Entscheidung um die WM-Vergabe flog er 300000 Kilometer in einem halben Jahr. Immer dabei: sein geliebter „Schmalzler" (Schnupftabak)

Ein Weltmann beherrscht auch den großen Auftritt: Formvollendet geleitet Franz 1982 den italienischen Filmstar Marisa Mell in die Manege des Circus Krone

Überall ein Star

Einer, der immer nach oben fällt

Ein Mann, eine Marke. Franz Beckenbauer steigt in Tokio aus einem Taxi – und eine Minute später rennen ein paar junge Fans hinter ihm her. Auch in Moskau. Auch in Schanghai. Auf der ganzen Welt. Im Senegal verfolgen Straßenjungs deutsche Urlauber mit „Beckenbauer! Beckenbauer!"-Rufen. In Deutschland muß er sich überall durch die Schlangen der Autogrammjäger schreiben. Nie flieht er, immer malt er seinen langen Namen mit Engelsgeduld. Und ist ihm der Autogrammjäger besonders sympathisch, schreibt er auch noch sorgfältig das Datum dazu.

Auch im fernen Mexiko. Dort hatten Kinder am Haus der DFB-Delegation geklingelt, ein Mitarbeiter hatte sie abgewiesen. Plötzlich stand der Franz vor dem Mann, packte ihn kurz am Kragen, drohte: „Das machst du nie wieder!", ging hinaus und setzte seine Unterschrift auf Papier, Hemden und Bälle.

Beckenbauer, der gute Mensch, das Werbe-Wunder. Er schmettert Fußbälle für eine Bank ins Netz, er telefoniert für – sogar wechselnde – Anbieter. Er hat mit „Schau'n mer mal" und „Is denn heut' scho Weihnacht'n" die bekannten geflügelten Worte gesprochen. Und zuckt nur mit den Schultern: „Das sind halt Werbeverträge, die man so hat." Nach jedem Länderspiel im ZDF rückt er die Brille zurecht, nach vielen Champions-League-Spielen räuspert er sich bei Premiere, und auf seine Kolumne in der BILD-Zeitung warten Millionen – nur danach läßt sich ein Spiel abschließend beurteilen.

Er ist Legende, Mythos, unantastbare Instanz

Die Schweizer Zeitung „Sport"

„Er ist Legende, Mythos, unantastbare Instanz", fand die Schweizer Zeitung „Sport". „Inzwischen scheint sein Ruhm Unsterblichkeit erlangt zu haben", feierte ihn eine Wochenzeitung. „Er ist Deutschlands bester Exportartikel", lobpreiste der ehemalige Außenminister Kinkel. Der Franz saß neben Ex-Kanzler Schröder, seinem Duzfreund, in Hannover auf der Tribüne. Er sitzt neben Ministerpräsident Stoiber, ebenfalls Duzfreund, in München – „und alle sehen so aus, als seien sie sehr glücklich über seine Gesellschaft", beobachtete die „Süddeutsche Zeitung". Dasselbe Blatt erhob den Kaiser zum „gefühlten Präsidenten". Will heißen: Wenn er nur wollte, könnte er alles werden in Deutschland.

Von Engländern stammt der himmlisch-teuflische Satz: „Franz ist der einzige Mensch, der aus dem Fenster springt und nach oben fällt."

Nur gefallen? Da erinnert man sich an den schmalen 9jährigen Buben, der an der Hand von Mutter Antonie zum Münchner Bahnhof lief, um auf den Zug mit den Weltmeistern von 1954 zu warten. Der aus der Armut kam und alleine durch seine anmutige Spielkunst den Fußball in die feineren Kreise getragen hat. Ein Mann von Welt, selbst in kurzen Hosen. Der endlich zeigte, daß Kicker sogar Hirn im Kopf haben können. Weil er immer lernte und weiter lernen wollte.

Ja, er wollte aufsteigen, ließ sich von seiner ersten Frau Brigitte zu Englisch-, Klavier- und Tanzstunden schleppen, in einem >> SEITE 234

Gut gehalten

Entspannt blickt er in die Kamera, mit der Selbstsicherheit der Großen. Sein Look erinnert an Giorgio Armani, an Paul Newman. Auch sie Männer von Welt, die das Glück haben, in der zweiten Lebenshälfte sehr gut auszusehen

Gerhard Schröder, Jahrgang 1944, geboren in Talle (Westfalen), wurde 1998 zum ersten Mal Kanzler. Er ist Duzfreund von Franz Beckenbauer

Von **GERHARD SCHRÖDER**

Er verlieh dem Fußball Glanz

Der Fußball hat in seiner Geschichte viele einmalige und großartige Spieler hervorgebracht. Aber zwei Spieler überragen alle anderen: Der Brasilianer Pelé und der Deutsche Franz Beckenbauer. Beide sind Ausnahmefußballer. Beide haben den Fußball zu ihrer Zeit geprägt und verändert. Franz Beckenbauer hat aus dem klassischen Ausputzer den spielenden Libero gemacht, der sich offensiv in das eigene Angriffsspiel einschaltete.

Beckenbauer, reich mit Talenten und Fähigkeiten gesegnet, verlieh dem Fußball Glanz und Schönheit. Seine filigrane Ballbehandlung, sein Stellungsspiel, seine Eleganz – alles an ihm schien so leichtfüßig und unangestrengt. Dieser optische Eindruck mag dazu beigetragen haben, daß „dem Kaiser" während seiner aktiven Zeit zwar respektvoll gehuldigt wurde, ihm aber nicht die Herzen der Fans zuflogen. Auch wenn er sich wie im „Jahrhundertspiel" gegen Italien bei der Weltmeisterschaft 1970 bandagiert und verschnürt für die Mannschaft quälte – auf viele wirkte Beckenbauer unterkühlt, gar überheblich. Kult war später.

Was dabei übersehen wird: Beckenbauer hat für seine Erfolge hart und zielstrebig gearbeitet. Fleiß, Disziplin, Willensstärke und Zielstrebigkeit zeichnen ihn bis heute aus.

Ich habe es selbst erlebt, wie intensiv er sich auf wichtige Entscheidungen vorbereitet. Im Juli 2000, wenige Augenblicke vor der Präsentation der deutschen Bewertung zur Fußballweltmeisterschaft 2006, ging ein nervöser Franz Beckenbauer im Garten eines Züricher Hotels auf und ab, ganz in sich versunken und Texte lernend, denn ein Perfektionist wie er überläßt nichts dem Zufall.

Franz Beckenbauer gilt als ein Glückskind. Ihm scheint zu gelingen, was er anfaßt. Und ja, er ist ein Glücksfall für den deutschen Fußball. Weltmeister als Spieler, als Teamchef – und ohne ihn hätten wir die Weltmeisterschaft 2006 kaum nach Deutschland holen können. Und was kommt danach?

Schau'n mer mal.

Kanzler und Kaiser fachsimpeln beim Confed-Cup im Juni 2005 in Hannover

Besuch beim Konkurrenten

Im November 2003 besuchte Beckenbauer Südafrika, den Rivalen im Rennen um die WM 2006. Der ehemalige Staatspräsident Nelson Mandela empfing Franz in seinem Privathaus in Kapstadt (Foto links)

Der Rocker steht auf Soccer

Mick Jagger freut sich über den Besuch von Cosmos-Star Franz und Gerd Müller (Foto unten) bei einem Konzert in New York. Der Rolling-Stones-Boss mag Fußball (in USA Soccer genannt)

Lizenz zum Putten

Schon mehrfach schwangen Franz und Sean Connery gemeinsam den Golfschläger. Der schottische James-Bond-Darsteller erinnert sich: „Unter den wirklich Großen im Show- und Sportbusiness gibt es eine ganze Menge Menschen, die sich für viel wichtiger halten, als sie es wirklich sind. Diese Typen spielen Golf, weil ihnen irgendeiner mal erzählt hat, daß man Golf spielen muß, um dazuzugehören. Franz ist da ganz anders. Wenn ich mit ihm in Marbella auf die Runde gehe, weiß ich immer, daß wir viel zu lachen haben werden. Es gibt nicht viele, mit denen es so viel Spaß macht, Golf zu spielen."

Papageien-Anzug sogar zu den Wagner-Festspielen nach Bayreuth, saß dort sieben Stunden für „Tristan und Isolde“ auf einem harten Holzstuhl und murrte hinterher nur leise: „Das mache ich nie wieder. Da habe ich mir einen Wirbelschaden geholt.“

Wäre alles wohl nur ein Zwischenspiel gewesen, wenn der Spieler Franz nicht jenen umwerfenden Charme und auch jene Zornes- und Geistesblitze ausgestrahlt hätte, die ihn in die beste Gesellschaft katapultierten. In der New Yorker Metropolitan Opera sank der Tenor Luciano Pavarotti vor ihm auf die Knie und betete ihn an: „I love soccer.“ Beckenbauer, dem das peinlich war, erinnert sich heute noch, wie mühsam er den Drei-Zentner-Koloß wieder hochzog. Daß ihn der Ballettänzer Rudolf Nurejew im Taxi mal an die Wäsche wollte, darf man auch als eine Art Kompliment werten. Aber der Franz, den Könige und Staatschefs einluden, ist nie abgehoben. Er hat sich mit dem Zeugwart immer genauso freundlich unterhalten wie mit dem Kanzler. Ein echter Weltmann, einer mit Herz, der die Menschen begeistert.

Bei einem Spiel der Bayern in Tokio verlor er irgendwo Ehering und Goldkette. Die größte Zeitung der Stadt meldete es. Wenige Stunden später wurden Ring und Kette im Hotel abgegeben. Einen Beckenbauer bestiehlt man nicht.

Der Franz hat viel gelesen, lange nachgedacht und ist auch daran gewachsen: „Wenn ich versucht habe, Philosophen und Denker wie Konfuzius oder Lao-tse zu verstehen, dann geschah das immer mit einer gewissen Ehrfurcht. Ich habe mir vorgestellt, daß diese Gedanken vor über 2000 Jahren im Kopf eines Menschen entstanden sind und so großartig waren, daß sie bis heute überliefert worden sind.“ Nein, sein Leben soll nicht nur Fußball gewesen sein, das wäre ihm zu billig. Seine Vorbilder, man glaubt es kaum, sind Jesus und Gandhi, weil sie gewaltlos die Welt verändert haben.

Beckenbauers Haut ist glatt, er rasiert sich – sorgsam – naß. Am Arm leuchtet eine teure Franck-Muller-Uhr. Schmuck trägt er nicht mehr. Die Jacke vom Münchner Herrenausstatter Lindmeier hat Größe 50, wie vor 30 Jahren – der Franz hält sich zwischen 76 und 78 Kilo. Die braunen Schuhe sind zum Schnüren, Slipper mag er nicht. Nur vor der Kamera oder bei Feiern bindet er sich eine Krawatte um. Am liebsten sieht er Jauchs Fragestunden im Fernsehen, ißt gerne italienisch und trinkt rote Bordeaux-Weine. Als Schauspieler gefallen ihm Clint Eastwood und Robert Redford – zwei Männer, die auch noch mit Falten was darstellen.

Der 60. Geburtstag, der hat ihm ein bißchen Magendrücken bereitet: „Wenn i könnt', würd' i in meinen Bergen bleiben.“ Doch der Kaiser muß runtersteigen zu seinem Volk, die Fotos werden um die Welt gehen. Mit süßen Szenen, wenn Joel und Francesca um ihren Papa toben. Die beiden Kinder, sein größter, weil unverhoffter Schatz. Wieder muß man über die lockere Art schmunzeln, wie er Kritik an seiner späten Vaterschaft weggebürstet hat: „So groß ist das Verbrechen auch nicht. Der liebe Gott freut sich über jeden neuen Erdenbürger.“

Über die Kinder von Franz besonders. Noch mal ein Geschenk für den vom Leben Beschenkten. Zwei der Marke Beckenbauer, die noch viele spannende und heitere Geschichten versprechen.

Hallo? Bin bei Gucci!

In einer New Yorker Hotel-Lobby, vor dem Gucci-Shop, verabredet sich Franz für den Abend. In den USA lernte er schnell dazu

Zwei Namen wie Musik:
Franz Beckenbauer und sein
Bewunderer Luciano Pavarotti

Von LUCIANO PAVAROTTI

Vorbild-Athlet und Vorbild-Mann

Mit großer Freude, lieber Franz, sende ich Dir meine allerherzlichsten Glückwünsche zu diesem wichtigen Ziel der 60 Jahre.

Für mich bleibst Du immer der große KAISER FRANZ, Kapitän der super-gefürchteten deutschen Mannschaft, fähig, das Spiel mit Autorität und Klasse zu dominieren, mit Talent und einem unvergleichlichen Stil, Vorbild-Athlet und Vorbild-Mann auf dem Spielfeld und außerhalb.

Welch großes Bedauern, daß ich Dich nie im schwarz-weißen Trikot meiner geliebten Juventus gesehen habe!

Mit Bewunderung und Freundschaft

Dein Luciano Pavarotti

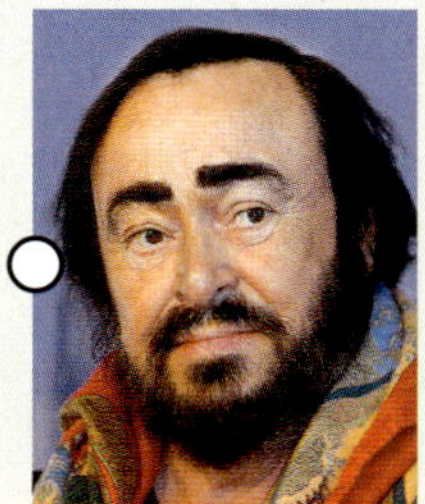

Luciano Pavarotti, Jahrgang 1935, gehört zu den größten Opern-Stars überhaupt. Der Fußballfan sang mit den Top-Tenören Domingo und Carreras bei den WM-Turnieren 1990 und 1994

Lieber Franz, du beeindruckst sogar mich

Muhammad Ali, Jahrgang 1942, war neun Jahre lang Weltmeister im Schwergewicht und gilt als größter Boxer aller Zeiten

Lieber Franz,

wie ich höre, feierst Du in diesem Jahr Deinen 60. Geburtstag. Dieser Tag ist einer der Meilensteine in unserem Leben, an denen wir Bilanz des Erreichten ziehen.

Deine Karriere ist erstaunlich gewesen. Sie beeindruckt sogar mich. Du warst ein Champion als Spieler, Kapitän des Weltmeister-Teams 1974, und Du warst ein Champion als Trainer, als Du Deine Mannschaft zur Weltmeisterschaft 1990 geführt hast. Darüberhinaus hast Du vier deutsche Pokale, drei Europapokale und drei US-Meisterschaften gewonnen und wer weiß wie viele andere Titel. Wäre ich ein Fußballer gewesen, hätte ich vor einem Spiel gegen Dich vielleicht sogar härter trainieren müssen.

Sie nennen Dich Kaiser Franz, aber ich war König der Welt! Gut, daß Du aufgehört hast, denn Du warst ja überall: Als Spieler in Deutschland und den USA, als Trainer in Deutschland und sogar bei Olympique Marseille – Du warst doch nicht etwa hinter meinem Titel her, oder? Schon okay, ich bleibe trotzdem der Hübscheste.

Herzlichen Glückwunsch zum Geburtstag, Kaiser. Ich hoffe, Du hast noch viele weitere.

Dein Freund
Muhammad Ali

Muhammad Ali

Franz Beckenbauer
Kitzbuehel, Austria

Dear Franz,

I understand that you are celebrating your 60th birthday this year. That birthday anniversary is one of those milestones in our lives at which we take stock of what we have accomplished.

Your career has been amazing. It even impresses me. You were a champion as a player, captain of your team as it won the 1974 World Cup, and you were a champion as a coach, guiding your team to a win in the 1990 World Cup. In addition, you won four German Cups, 3 European Cups and 3 U.S. Championships, and who knows how many other honors and awards. If I had played soccer, I might even have had to train extra hard when I played against you.

They call you Kaiser Franz, but I was King of the World It's a good thing that you are retired because you were all over the place, from playing for West Germany and the United States to coaching for West Germany and even working with France's Olympique Marseille for a year. You weren't after my title, were you? It's O.K., I'm still the prettiest.

Happy birthday, Kaiser. I hope you have many more.

Your friend,

Muhammad Ali

Muhammad Ali

Das Herz eines Boxers

Muhammad Ali ist wie Franz viel für wohltätige Zwecke unterwegs, 2003 trafen sie sich auf dem Münchner Flughafen. Ihre erste Begegnung war 26 Jahre zuvor: In seinem New Yorker Hotelzimmer alberte Ali mit Cosmos-Star Beckenbauer herum, am Vorabend hatte der Champ Ernie Shavers besiegt

Geburtstagsgäste
Angela Merkel und Franz Beckenbauer als Tischnachbarn bei der Feier zum 60. Geburtstag von DFB-Präsident Theo Zwanziger im Juni 2005 in Mönchengladbach

Angela Merkel, Jahrgang 1954, seit 2000 CDU-Vorsitzende, seit April 2005 Kanzlerkandidatin der CDU/CSU

Von ANGELA MERKEL

In der DDR haben wir mit ihm gefeiert

Ich kann mich noch gut erinnern, wie wir in der DDR während der Fußball-WM 1974 den eleganten Stil Franz Beckenbauers bewundert haben. Und als die DFB-Auswahl dann am Ende das Turnier gewann, haben die meisten DDR-Bürger im Stillen mitgefeiert. Im Sommer 1990 – kurz vor der Wiedervereinigung – waren „wir" dann wieder Weltmeister – jetzt mit dem „Teamchef" Beckenbauer. Und wieder jubelte ganz Deutschland.

Seitdem hatte ich einige Male die Gelegenheit, Franz Beckenbauer persönlich zu treffen. Und es ist immer eine große Freude, die eigenen Fußballkenntnisse von der zuständigen „Lichtgestalt" auffrischen zu lassen. Aber ich habe erlebt, daß Franz Beckenbauer sich umgekehrt sehr für politische und gesellschaftliche Fragen interessiert. Er versteht es, seine Popularität auch jenseits des Sports einzusetzen. Damit leistet er einen beachtenswerten Beitrag für unser Land.

Franz Beckenbauer ist mit seinem Charme und seiner Weltgewandtheit heute vor allem ein hervorragender Botschafter Deutschlands. Herzlichen Glückwunsch und noch viele glückliche Lebensjahre.

„Schau mir in die Augen, Kleines"
Auge in Auge und ganz eng. Franz und Claudia bei der WM-Vergabe 2000 in Zürich

Von CLAUDIA SCHIFFER

Ich lernte seinen Charme kennen

Claudia Schiffer, Jahrgang 1970, war das teuerste Fotomodell der Welt. Schönstes Gesicht der deutschen WM-Kampagne für 2006

Als ich Franz Beckenbauer vor fünf Jahren im Rahmen der WM-Kampagne 2006 kennenlernte, wurde mir klar, warum er DER KAISER ist. Der Name sprach zu Recht für seine Autorität. Er war der Kopf und das Herz der deutschen Prominenz (darunter Bundeskanzler Gerhard Schröder, Boris Becker, Günter Netzer und ich), die die WM nach Deutschland holten. Er setzte unserer Bewerbung die Krone auf!

Am Ende der deutschen Präsentation in Zürich 2000 drückte mir Beckenbauer als Dankeschön einen Kuß auf die Wange und murmelte spitzbübisch zum FIFA-Chef Sepp Blatter: „Du bist doch nicht eifersüchtig, Sepp. Oder?"

Genau dieser Charme und die Lockerheit müssen am Ende auch die Auswahlkommission überzeugt haben. Als er am Abend dieses 6. Juli 2000 sagte: „Die WM nach Deutschland zu holen ist meine größte Leistung", meinte er das wirklich. Beckenbauer ist keiner, der eine Sache halb anpackt.

Er mag zwar jetzt 60 werden, doch seine Begeisterung und Leidenschaft entspringen einem jung gebliebenen Herzen.

Vertraut
Zwei der Größten wurden Freunde. Boris und Franz sehen sich häufig auf Europacup-Reisen „ihres“ FC Bayern

Boris Becker, Jahrgang 1967, wurde nach drei Wimbledonsiegen zu einem der populärsten deutschen Sportler überhaupt

Von BORIS BECKER

Er ist mir immer Vorbild gewesen

Tja, also der Herr Beckenbauer, der Herr Präsident, der Herr Aufsichtsratsvorsitzende, der Herr Vorsitzende des Organisationskomitees, der Kaiser – oder einfach der Franz: Wo soll ich da anfangen, oder bei wem oder mit was?

Franz Beckenbauer bedeutet mir einfach sehr viel. Und dabei denke ich nicht so sehr an die vielen Funktionen, die er alle ausfüllt wie kein anderer.

Er ist unser größter Fußballspieler. Er ist eine der größten Sportlerpersönlichkeiten der Welt. Er ist ständig präsent und permanent unterwegs. Er ist ein bodenständig gebliebener Weltbürger. Vielleicht gibt es daher auch einiges, das uns – in aller Bescheidenheit – verbindet.

Er hat mich eingeladen, im Wirtschaftsbeirat „unseres“ FC Bayern mitzuarbeiten. Er hat mich in sein WM-Team für 2006 geholt. Er war mir immer ein treuer und vertrauensvoller Freund und Ratgeber.

Er ist mir immer ein Vorbild gewesen. Und jemand, von dem ich immer wieder lernen kann – zum Beispiel der Welt über Familien-Nachwuchs zu berichten ...

Ich wünsche mir, daß mir dieser Freund noch lange erhalten bleibt.

Für die WM: Schumi zieht mit

Fußball-Fan Michael Schumacher gehörte zu den Prominenten, die bei der Auslosung der WM-Qualifikation im Dezember 2003 die Lose zogen

Von MICHAEL SCHUMACHER

Hoffentlich bin ich mit 60 auch so

Michael Schumacher, Jahrgang 1969, gehört mit sieben Weltmeister-Titeln in der Formel 1 zu den erfolgreichsten Sportlern aller Zeiten

Immer, wenn ich Franz Beckenbauer treffe, bin ich zunächst einmal beeindruckt von seinem Händedruck.

Wenn wir uns begrüßen, spüre ich förmlich die Kraft und Energie, die er ausstrahlt. Man sieht sie ihm auch an: Er ist sportlich und schlank, direkt zum Neidischwerden. Ich bin, glaube ich, auch ganz fit – aber hoffentlich sehe ich mit knapp 60 Jahren auch noch so aus!

Franz ist auch ein Gentleman. Ich kicke in Italien oft mit der „Nazionale Piloti", unserem Team aus Motorsportlern. Als wir im Sommer 2000 in Rom für einen guten Zweck gegen die deutsche Weltmeistermannschaft von 1990 spielen wollten, sind die Jungs alle gekommen – und Franz vorneweg.

Wir hatten viel Spaß, und hinterher machte er mir sogar noch ein Kompliment zu meinem Spiel und den zwei Toren, die ich geschossen hatte. Das freut einen wie mich, der seine sportlichen Stärken (Motorsport, nicht Fußball!!) doch ziemlich gut einschätzen kann, natürlich besonders. Und unsere 4:8-Niederlage war leichter zu verschmerzen.

„Glück muß man sich erarbeiten"

Franz Beckenbauer spricht über seine Familie und seine Hoffnungen, über Jähzorn und Verzeihen, über Gebete und Horoskope, über Armut und Neid. Und warum er den Respekt bei vielen Jüngeren vermißt.

BILD: Herr Beckenbauer, ist 60 ein schönes Alter?

Franz Beckenbauer: Jedes Alter ist schön. Jeder Tag ist schön, wenn du ihn erlebst. Ich habe nie Probleme mit runden Geburtstagen gehabt. Sicher, früher war ein 60jähriger ein Urgroßvater mit einem dicken Bauch. Aber heute sehen wir doch besser aus. Ich freue mich auf die 60, ich fühle mich wohl.

Franz Beckenbauer beim Gespräch mit den Reportern Herbert Jung (links) und Willi Schmitt

BILD: Besonders zu Hause?

Beckenbauer: Natürlich, ich habe eine intakte Familie, zwei kleine Kinder, das ist doch ein Geschenk. Bei meinen drei großen Söhnen – der älteste ist jetzt 42 – war ich selber noch ein Kind. Die Erziehung und alles, was mit Kindern zu tun hatte, hab' ich der Mutter überlassen und war wieder draußen: Ich muß jetzt wieder meinem Beruf nachgehen.

BILD: Und heute?

Beckenbauer: Ist das anders. Wenn ich beim Frühstück sitze und der Joel und die Francesca kommen, das ist wie ein Theater. Er ist ihr Vorbild, sie macht ihm alles nach, sie himmelt ihn an. Er spielt das natürlich zurück. Das ist solch eine Gaudi.

BILD: Eine Gaudi, an die Sie mit 50 noch nicht gedacht haben?

Beckenbauer: Stimmt, aber so bedauerlich das ist mit all den Trennungen, die sind immer mit Leid verbunden, diese zwei Kinder sind eine Gabe.

BILD: Das verpflichtet, noch mehrere runde Geburtstage zu feiern.

Beckenbauer: Ja, freilich, wenn's geht.

BILD: Fühlen Sie sich gesund?

Beckenbauer: Klar, aber ob's so ist, weißt du nicht. Ich renne nicht zum Arzt. Was nutzt dir das alles? Gehst zum Doktor, bist gesund, kommst raus, und dann fällt dir ein Ziegelstein auf den Kopf. Dann ist dein Chip zu Ende, dann ist Schluß mit dem Packerl. Da kannst nichts machen.

BILD: Welchen Charakter braucht man für Erfolg?

Beckenbauer: Erstens Talent, zweitens Fleiß, drittens Durchhaltewillen. Wer alles drei hat, kann sehr erfolgreich sein. Fußball ist ein Spiegelbild des Lebens. Die Ordnung, der Zusammenhalt, die Aufgabe bewältigen, mit dem Verlieren umgehen können, dazu brauchst du Charakter. Du mußt streiten, aber dich auch wieder versöhnen können.

BILD: Klappt das bei den Bayern?

Beckenbauer: Wie sollen die denn streiten? Da hast du zwei Brasilianer drin, zwei aus Peru, zwei Franzosen, wie wollen die sich denn miteinander verständigen? Deshalb ist doch kein Leben drin in der Bude. Früher hast du den Schuh in eine Ecke geschmissen und >> SEITE 244

Beichte unterm Kreuz

Franz Beckenbauer auf der Eckbank im Eßzimmer seines Hauses bei Kitzbühel. Über ihm hängt Jesus am Kreuz. Im Interview bekennt Beckenbauer: „Ja, ich bin religiös!“

> *In der Bibel steht, daß wir alle Brüder sind.*

geschrien: „Du Arschloch!" Aber heute, toi, toi, da ist es still.

BILD: Haben die Spieler noch Respekt vor Ihnen?

Beckenbauer: Ja, scho', aber mehr freundschaftlich. Der Respekt, den wir vor Älteren hatten, der ist nicht mehr da. Das ist in den südlichen Ländern noch anders. Da sitzen dann Zidane, der Figo, der Butragueno und die stehen auf, wenn du kommst. Glaub bloß nicht, daß bei uns einer aufsteht.

BILD: War denn Ihr Vater streng?

Beckenbauer: Na, der hat nur so getan, wir sind halt ein bisserl autoritärer erzogen worden.

BILD: Gab es mal Ohrfeigen?

Beckenbauer: Kaum, wenn der Walter, mein Bruder, und ich was angestellt hatten, und der Vater – der war auch ein bißchen aufbrausend – wollte strafen, dann haben wir uns schnell auf den Boden gelegt. Weil wir wußten, daß der Vater was mit der Bandscheibe hat und sich gar nicht zu uns runterbücken konnte.

BILD: Zu Ihrer Mutter hatten Sie immer ein engeres Verhältnis.

Beckenbauer: Ist doch klar, die war den ganzen Tag um uns rum und den Vater haben wir erst wahrgenommen, wenn er abends nach Hause kam. Mutter ist Mutter, das sehe ich doch jetzt an der Francesca. Wenn ich locke: „Francesca, kommst zum Papa?" – dann sagt sie: „Nein, nein" – und läuft zur Heidi.

BILD: Sie haben sich mal im Hinterhof des Hauses fotografieren lassen, in dem Sie aufgewachsen sind. Treibt es Sie zurück zu den Wurzeln?

Beckenbauer: Ja, das ist nun mal mein Geburtshaus. Natürlich stehe ich dazu, warum sollte ich das verleugnen. Schade, das Haus wollte ich immer kaufen und irgendwie erhalten. Aber jetzt hat der Besitzer an einen Bauträger verkauft, der will jetzt Luxuswohnungen daraus machen. Luxuswohnungen in Giesing, lächerlich. Da bin ich mit der Heidi auch schon ein paar Mal vorbeigefahren.

BILD: Kennen Sie Neid?

Beckenbauer: Nein, den gab's in unserer Zeit nicht. Hat doch keiner was gehabt, was sollte man da neidisch sein. Deshalb gibt's für mich auch heute keinen Neid. Das ändert doch nichts an meiner Lage.

BILD: Warum verzeiht man Ihnen, was man anderen nicht verzeihen würde?

Beckenbauer: Das weiß ich auch nicht.

BILD: Warum ist man nicht neidisch auf Sie?

Beckenbauer: Weil die merken, daß da viel Arbeit hinter steckt und sie die Leistungen

anerkennen, oder? Na, das ist kein Spaß. In unserer Neidgesellschaft wundert mich sowieso, daß ich keine Feinde habe. Ich wüßte jedenfalls keine. Es gibt sicher Menschen, die mir nicht sympathisch sind, aber sonst komme ich mit allen irgendwie aus.

BILD: Obwohl Sie doch gesagt haben: Ein großer Teil meines Lebens war Streit.

Beckenbauer: Ja, früher als Spieler. Aber deswegen habe ich die Streiterei jetzt auch satt. Kann sein, daß ich vor allem in den letzten 10 Jahren eine andere Einstellung habe meinen Mitmenschen gegenüber. Hat vielleicht auch ein bißchen einen religiösen Hintergrund. Weil wir wissen, daß wir alle aus dem gleichen göttlichen Staub sind, und, wie es in der Bibel steht, auch Brüder.

BILD: Hat das mit dem Glauben zugenommen?

Beckenbauer: Ja, sicher.

BILD: Ist es auch eine Frage des Alters, weil man mit jedem Tag näher zu Gott kommt?

Beckenbauer: Die Auseinandersetzung mit dem Tod, die hast du täglich. Das kannst du nicht einfach wegdrücken.

BILD: Haben Sie auch den Eindruck, daß die Zeit schneller dahinrast, je älter man wird?

Beckenbauer: Ja, das empfindet man so. Vielleicht, weil man auch intensiver lebt und vor allem, weil in den letzten 10 Jahren auch viel auf mich eingestürmt ist.

BILD: Wann waren Sie das letzte Mal in der Kirche?

Beckenbauer: Ich bin kein Kirchgänger. Das letzte Mal war's bei der Europameisterschaft vergangenes Jahr in Lissabon. Ich bin mit der >> SEITE 246

Handicap 7

Franz sieht zu, ob die anderen einlochen. Er selbst trifft den Ball ziemlich gut. Er hat Handicap 7

Ich habe keine Feinde

Soviel Temperament wie früher auf dem Platz: Beckenbauer spricht auch mit den Händen und wischt alle Widersprüche weg. „Ein großer Teil meines Lebens war Streit", sagt er. „Aber ich kenne keine Feinde."

Knattern durch die Wüste

Urlaub in Dubai. Die Beckenbauers knattern auf gelben Quads im Sand. Franz, mit Joel auf dem Sitz, fährt voraus. Da kann Heidi kaum folgen

Heidi spazieren gegangen und habe dabei eine Kirche besucht. Da war gerade eine Messe und der Pfarrer verteilte die Oblaten. Hab ich mir gedacht, stellst dich an als guter Christ. Und der gibt mir die Hand und ich gehe wieder, so zehn Meter. Da saust der Pfarrer mir hinterher, klopft mir auf die Schulter und macht das Zeichen: Essen!

BILD: Sie beten täglich?

Beckenbauer: Die täglichen Gebete und Dialoge mit Gott, die haben sich gehäuft. Das mache ich immer, wenn's gerade paßt.

BILD: Und das hilft Ihnen?

Beckenbauer: Ja, wie der Glaube an die Wiedergeburt. Ob wir noch mal auf die Erde dürfen, wissen wir nicht. Aber der Gedanke hilft dir doch, daß dein Leben nicht ganz sinnlos war, daß du was vollbracht hast. Stell dir vor, jetzt bist du solch ein Prachtbursche und dann haut's dich zusammen und das war's dann. Das ist doch nichts. In irgendeiner Form werden wir weiterleben. Glauben darfst, beweisen kannst das ja nicht.

BILD: Hätten Sie mal entschieden nein sagen müssen in Ihrem Leben?

Beckenbauer: Ich bin eben ein schlechter Nein-Sager.

BILD: Heißt das, daß Sie im Grunde genommen ein gutmütiger Mensch sind?

Beckenbauer: Ich denke schon. Trotz aller Widersprüche, die ja jeder in sich trägt. Ich kann immer noch streiten, aber früher habe ich mich ja nur gefetzt. Doch man darf ja nicht ewig ein Kindskopf bleiben.

BILD: Gibt es etwas, das Sie gerne rückgängig machen würden?

Beckenbauer: Ach nein, auch die Fehler, die man macht und die Niederlagen, die man hinnimmt, die gehören dazu. Ein Leben nur mit Siegen gibt's nicht, und das wäre auch falsch. Du würdest ja nichts lernen.

BILD: Haben Sie vor irgend etwas Angst?

Beckenbauer: Nein, fällt mir wirklich nichts ein.

BILD: Was ist ein guter Tag?

Beckenbauer: Wenn ich hier zu Hause bin. Aber auch, wenn ich weg bin. Aufgaben, die ich gerade habe, die mach' ich ja nicht ungern. Dieser Rhythmus gefällt mir. Aber immer wenn ich weg bin, versuche ich, nachts zurückzukommen.

BILD: Gibt's eine Beckenbauersche Glücksformel?

Beckenbauer: Nein, Glück muß man sich erarbeiten. Es gibt sowieso nur glückliche Momente, aber ein Glück auf Dauer gibt's nicht. Ich habe bis jetzt noch keinen gesehen, der das Fenster aufgemacht hat und gesagt: „Glück, komm herein!", und es ist gekommen.

BILD: Was spricht bei Ihnen mehr: Herz oder Verstand? Oder beides zusammen?

Beckenbauer: Ich denke, beides. Ich bin ja im Sternzeichen der Jungfrau geboren, denen sagt man einen kritischen Verstand nach. Deshalb bin ich ja auch so besonders begabt für tiefgehende Analysen. Aber das Gefühl ist auch unheimlich wichtig, um zu urteilen. Ich betrete oft einen Raum und dann merkst du, da ist eine Spannung und die mußt du lösen. Wenn ich genauso reagiere wie die da drinnen, dann gelingt das nicht. >> SEITE 248

Der Franz und seine drei Schätze

Familienbild zum 60. Geburtstag. Joel (4) hält Mama Heidi (37) und Papa Franz zusammen. Tochter Francesca (1 1/2) hat den Fotografen schon vergessen

Aber ich merke das schon und beginne zu spielen.

BILD: Glauben Sie wirklich an Horoskope?

Beckenbauer: Ich denke schon, daß was dran ist. Die Astrologie soll ja die älteste Wissenschaft der Welt sein. Und ein Blick nach oben reicht doch, um festzustellen, daß wir nicht allein in diesem Universum sind. Ich glaube schon, daß die Sterne Einfluß haben.

BILD: Lesen Sie Horoskope?

Beckenbauer: Die in der Zeitung, nein. Hin und wieder kontaktiere ich die Diane (Sandmann), die Astrologin ist, und sage ihr: Du, mach mir mal wieder was! Dann schickt sie mir wieder ein paar Sachen zu. Das lese ich dann.

BILD: Richten Sie sich danach?

Beckenbauer: Manchmal.

BILD: Sie gehen bei Politikern und Stars ein und aus. Denken Sie noch darüber nach, wie hoch Sie gestiegen sind?

Das Leben ist nicht dazu da, um zu träumen.

Beckenbauer: Früher schon, da war ich emotionaler. Aber heute – wenn du die kennenlernst, das sind ganz normale Menschen. Ich habe die Erfahrung gemacht: Je höher sie sind, desto normaler geben sie sich auch. Im Fußball genauso. Auch der Beckham. Ein freundlicher, höflicher junger Mann ohne Allüren.

BILD: Der schnell mal 750 000 Euro für ein Fest ausgibt …

Beckenbauer: Einen kleinen Vogel hat doch jeder.

BILD: Wann haben Sie zum letzten Mal richtig Fußball gespielt?

Beckenbauer: An meinem 50. Geburtstag im Olympiastadion mit einer Weltauswahl. Dann kamen auch die Beschwerden. Die Sprunggelenke tun weh, ich bin kurzsichtig, ich hätte Kontaktlinsen gebraucht, aber die habe ich nicht richtig in die Augen gebracht. Nein, Schluß, Lust hab ich auch keine mehr. Höchstens noch mal mit den Kindern im Garten. Vor ein paar Wochen habe ich TV-Aufnahmen gemacht für die WM. Da hat sich ein Kameramann ins Tor gestellt und gebettelt: „Schießen Sie doch einen Elfer gegen mich." Da ist der Ball gerade noch aufs Tor gekommen, und die Hüfte tat mir weh.

BILD: Hat Ihr kleiner Sohn das Talent geerbt?

Beckenbauer: An Fußball ist er nicht so interessiert. Obwohl er ein Bewegungstalent ist und auch nicht wehleidig. Die Francesca, die Kleine, die spielt aber gern mit dem Ball.

BILD: Ist das Leben ein Traum?

Beckenbauer: Das Leben ist nicht dazu da, um zu träumen. Es ist dazu da, um zu arbeiten und sich dann und wann einen Traum zu erfüllen. Es ist schön, am Abend, wenn du was getan hast, heimzukommen und ein Glaserl Rotwein zu trinken und eine Zigarre zu rauchen und zurückzublicken: Das und das ist dir gelungen, das ist schön.

BILD: Ist Alter also ein Stück Weisheit?

Beckenbauer: Jedenfalls ein Stück Erfahrung, heute genießt du es anders. Selbst beim Golfen ärgere ich mich nicht mehr. Schläger zertrümmern, nein, das habe ich schon lange nicht mehr gemacht.

BILD: Was hat Sie beim Golf so erzürnt?

Beckenbauer: Das ist auch ein Ballspiel und beim Fußball habe ich's doch zu einer gewissen Perfektion gebracht. Und beim Golf ärgert mich wahnsinnig, daß man sich so dumm anstellen kann. Der Ball liegt vor dir, du hast deinen eigenen Ball, und trotzdem triffst du ihn nicht richtig. Jetzt genieße ich anders, jetzt sehe ich endlich die Natur auf dem Golfplatz. Früher habe ich mich nach einem schlechten Schlag aufgeregt, und dann wurde der nächste genauso schlecht.

BILD: Beim Autofahren sollen Sie sich aber immer noch aufregen?

Beckenbauer: Ganz selten, daß ich noch mal narrisch werde. Wenn so ein langsamer Stinker vor mir herfährt, den muß ich überholen, da kann ich nicht hinterhergurken.

BILD: Nun geht's auf die 60 zu. Freuen Sie sich auf die Feiern?

Beckenbauer: Eigentlich mag ich nichts über mich lesen oder sehen und schon gar keine großen Auftritte.

BILD: Möchten Sie noch mal 20 sein?

Beckenbauer: Nein, 20 nicht. Den ganzen Käse von vorne anfangen. Wenn jetzt der Zug ein wenig langsamer fahren würde, das wäre mir schon recht.

Genießer Franz: Zigarre & Rotwein

Abends ein Glas Rotwein zu trinken, dazu eine Zigarre zu rauchen und auf den Tag zurückzublicken – so genießt der Fußballkaiser seine stillen Stunden

60 Jahre Franz

1945 **11.9.** Geburt um 22.25 Uhr in der Haas-Klinik im Arbeiterviertel München-Giesing
25.9. Taufe in der Heilig-Kreuz-Kirche

1946 **Juni:** Der erste Zahn kommt
Juli: Mit neun Monaten kann Franz allein stehen, kurz danach laufen. Im Wohnzimmer kickt er einen kleinen Stoffball vor sich her

1951 **Juli:** Einschulung in der St.-Martin-Schule in München-Giesing

1952 **Frühjahr** Das erste Zeugnis. Schulwechsel auf die katholische Silberhornschule

1954 **Juni:** Eintritt beim SC 1906 München. Franz macht nur Freundschaftsspiele, da Kinder erst ab 10 Jahren Pflichtspiele bestreiten dürfen.
6.7. Franz geht mit Mutter und Bruder zum Bahnhof, als die WM-Helden aus Bern zurückkehren, winkt mit der deutschen Flagge

Als die Bälle noch aus Leder waren

Fototermin vor der Bundesliga-Saison 1966/67. Sie endete für den 21jährigen Franz mit Gewinn des Europacups und dem DFB-Pokalsieg

1955 Franz bekommt von einem benachbarten Schuster seine ersten Schuhe mit angenähten Stollen

1956 **August:** Erstes Pflichtspiel für den SC 1906 München. Mit der Schulmannschaft gewinnt er die Stadtmeisterschaft im Handball und im „Ball über die Schnur"

1957 Franz bekommt von einem Betreuer des SC 1906 München den ersten „Adidas"-Ball geschenkt

1958 **Juli:** Wechsel zum FC Bayern München

1959 **1.9.** Beckenbauer beginnt seine Lehre zum Versicherungskaufmann bei der Bayerischen Versicherungsbank/Allianz (Erstes Gehalt: 90 DM/Monat, nach einem Jahr 100 DM, nach 2 Jahren 110 DM)

1960 **Dezember:** Umzug mit den Eltern nach Schwabing

1962 **Juli:** Er wird Sachbearbeiter Kfz-Abteilung der Allianz (Gehalt 450 DM/Monat)

1963 Beckenbauer hat den ersten privaten Sponsor, den Starnberger Fleischwaren-Fabrikanten Rudolf Houdek, der ihm auch sein erstes Auto (gebrauchter Mercedes für 5000 Mark) und die erste Wohnungseinrichtung kauft
20.10. Geburt seines ersten Sohnes Thomas (unehelich, Mutter Ingrid Grönke)

1964 **28.3.** Debüt in der Junioren-Nationalmannschaft gegen die Schweiz (beide Tore beim 2:1), danach erstes TV-Interview
Juni: Beckenbauer verläßt die Allianz, konzentriert sich nur noch auf Fußball
1.6. Beckenbauer bekommt seinen ersten Profi-Vertrag, unterschreibt für drei Jahre beim FCB (Gehalt: 400 DM/Monat incl. Prämien)
6.6. Regionalliga-Debüt für den FC Bayern als Linksaußen beim Spiel der Aufstiegsrunde zur Bundesliga gegen den FC St. Pauli (4:0), erstes Tor
29.6. Führerscheinprüfung (Klasse drei) bestanden

1965 **Mai:** Franz lernt Brigitte Schiller kennen, die Sekretärin der Sporthochschule Grünwald, seine spätere Frau

Juni Bundesliga-Aufstieg mit dem FC Bayern
14.8. Erstes Bundesligaspiel beim 0:1 gegen 1860 München
11.9. Erster Auftritt im Aktuellen Sportstudio, Moderator Harry Valérien (Beckenbauer bis heute mit 57 Auftritten Rekordhalter)
26.9. Länderspiel-Debüt im WM-Qualifikationsspiel Schweden – Deutschland (1:2), 53 000 Zuschauer im Rasunda-Stadion in Stockholm

1966 **23.3.** Erstes Länderspieltor beim 4:2 in Rotterdam gegen die Niederlande, Beckenbauer schießt zwei Tore
Mai: Beckenbauer kauft eine Doppelhaushälfte in München-Solln
4.6. Erster Titel: DFB-Pokalsieg mit Bayern gegen den Meidericher SV in Frankfurt (4:2)
30.7. WM-Finale im Wembley-Stadion von London, Deutschland unterliegt England vor 100 000 Zuschauern 2:4 n.V.
August: Beckenbauer unterschreibt seinen ersten Werbevertrag (Knorr-Suppen), Honorar 12 000 Mark
11.9. Hochzeit mit Brigitte Schiller, geborene Wittmann, in Steinebach am Wörthsee
Oktober: Erste Biographie *„Dirigent im Mittelfeld"* erscheint im Copress-Verlag, Auflage: 60 000 Exemplare. Honorar: 50 000 Mark.
21.10. Geburt seines zweiten Sohnes Michael (Mutter: Brigitte Beckenbauer)
24.10. Aufnahme der Schallplatte *„Gute Freunde kann niemand trennen"* und *„Du allein"* bei Polydor in Köln (garantiertes Honorar 100 000 DM, Platz 7 in der Hitparade)

1967 **31.5.** Bayern gewinnt den Europacup der Pokalsieger durch ein 1:0 gegen die Glasgow Rangers in Nürnberg
10.6. Bayern verteidigen DFB-Pokal (4:0 in Berlin vor 69 000 Zuschauern gegen den HSV)

1968 **14.3.** Franz und Brigitte adoptieren Beckenbauers Sohn Thomas (Mutter Ingrid Grönke)
September: Buch *„Gentleman am Ball"* erscheint
1.12. Geburt seines dritten Sohnes Stefan (Mutter Brigitte Beckenbauer)
14.12. Erstmals Libero in der Nationalmannschaft beim 2:2 in Rio gegen Brasilien

1969 **17.5.** Bayern erstmals nach 1932 Deutscher Meister
14.6. Beckenbauer wird nach dem DFB-Pokalsieg gegen Schalke in Frankfurt (2:1) zum ersten Mal „Kaiser" genannt

1970 **11.2.** Beckenbauer verläßt den DFB-Kader vor dem Länderspiel gegen Spanien, weil sein Sohn Michael an einer lebensgefährlichen Hirnhautentzündung erkrankt war. Deutschland verliert 0:2
17.6. WM-Aus im Halbfinale gegen Italien (3:4 n.V.) vor 110 000 Zuschauern in Mexico City, Beckenbauer hält im „Spiel des Jahrhunderts" mit Armbinde (Schultereckgelenk geprellt/65.) bis zum Ende durch
Oktober: Dritte Biographie *„Halbzeit"* erscheint

Der erste Europacup-Sieg

31. Mai 1967: Trainer Tschik Cajkovski umarmt sein „Juwel" Beckenbauer. Die Bayern haben in Nürnberg den Europapokal der Pokalsieger geholt (1:0 n.V. gegen die Glasgow Rangers)

Prost auf den Pott!

Nach dem Gewinn des Europapokals der Pokalsieger 1967 füllen die Bayern Nowak, Olk, Beckenbauer und Kupferschmidt (v.l.) den Pott mit Champagner

Die Weltmeister von München '74

Krönung des erfolgreichsten Beckenbauer-Jahres: Deutschlands Weltmeister feiern mit Bundestrainer Schön (Mitte) nach dem Endspiel-Sieg gegen Holland am 7.7.1974

1971 **19.6.** Vierter **DFB-Pokalsieg** in Stuttgart vor 71 400 Zuschauern gegen Köln (2:1)

1972 **26.5.** Das Münchner Olympiastadion wird mit dem Länderspiel Deutschland-UdSSR (4:1) eingeweiht.
18.6. **Europameister** mit der Nationalmannschaft durch ein 3:0 gegen Rußland in Brüssel
28.6. Bayern erneut **Deutscher Meister**, mit Rekordzahl von 101 Toren
Dezember: Beckenbauer zum ersten Mal **„Europas Fußballer des Jahres"**

1973 **9.6.** Bayern verteidigt **Meister-Titel**
8.12. Erstaufführung des Films *„Libero"* (Beckenbauer spielt Titelrolle, Gage: 15 000 DM)

1974 **17.5.** Bayern erstmals **Europacup-Sieger der Landesmeister** durch ein 1:1 und 4:0 (Wiederholungsspiel) gegen Atletico Madrid
18.5. Bayern holt **Meisterschafts-Hattrick**
7.7. Kapitän der **Weltmeisterelf**, 2:1 im Finale gegen die Niederlande in München

1975 **28.5.** Bayern verteidigt **Landesmeister-Titel** mit einem 2:0 im Finale von Paris gegen Leeds United
Oktober Beckenbauers Buch *„Einer wie ich"* erscheint

1976 **12.5.** Dritter **Landesmeister-Cup** in Folge durch ein 1:0 in Glasgow gegen AS St. Etienne
20.6. Niederlage in seinem 100. Länderspiel im EM-Finale in Belgrad, 3:5 n.E. gegen die ČSSR
6.10. Letztes von 14 Länderspieltoren beim 2:0 in Cardiff gegen Wales (34.)
Dezember: Beckenbauer wird zum zweiten Mal **„Europas Fußballer des Jahres"**
21.12. Bayern holt erstmals den **Weltpokal** gegen Cruzeiro Belo Horizonte (2:0/0:0)

1977 **23.2.** Letztes Länderspiel beim 0:1 in Paris gegen Frankreich. Beckenbauers Bilanz im DFB-Trikot: 103 Spiele, 69 Siege, 18 Unentschieden, 16 Niederlagen, 14 Tore, 50 Spiele als Kapitän
6.4. Verhältnis zu Fotografin Diana Sandmann wird bekannt
5.5. Franz unterschreibt bei Cosmos New York
21.5. Letztes Spiel für die Bayern gegen Gladbach (2:2)
24.5. Ankunft bei Cosmos in New York, Beckenbauer wird mit dem Klub **dreimal US-Meister**
29.5. Erstes Spiel für Cosmos bei den Tampa Bay Rowdies
2.12. Vater Franz sen. stirbt im Alter von 72 Jahren an Bauchspeicheldrüsenkrebs

Neubeginn bei Cosmos

Nach 19 Jahren bei Bayern München trägt Franz ab Mai 1977 das Trikot von Cosmos New York und wird einer der Stars der jungen US-Liga

1980 **1.11.** Ankunft aus New York in Hamburg, Rückkehr in die Bundesliga als Spieler des Hamburger SV
15.11. Nach 1638 Tagen Pause Comeback in der Bundesliga für den HSV beim 2:3 in Stuttgart

1982 **31.3.** Riß der Niere beim Bundesliga-Spiel HSV gegen Stuttgart
30.4. Gründung der Franz-Beckenbauer-Stiftung zugunsten Kranker, Behinderter und hilfsbedürftiger Menschen
Mai Ehrung mit dem **Bayerischen Verdienstorden**
15.5. Umzug nach Kitzbühel (Österreich)
29.5. Letztes Bundesligaspiel für den HSV gegen Karlsruhe (3:3), HSV ist **Meister**
31.5. Beckenbauer wird zum Ehrenspielführer des DFB ernannt
1.6. Abschiedsspiel mit dem HSV im Volksparkstadion vor 30 000 Fans gegen die Nationalmannschaft (2:4), Beckenbauer erzielt ein Eigentor und ein Tor
2.6. Gründung der Franz -Beckenbauer-Stiftung
1.8. Beckenbauer wird Kolumnist der BILD-Zeitung
Oktober/November Weltreise mit Cosmos, mehrere Spiele in Asien

1983 **Mai bis Oktober:** Weitere Saison mit Cosmos New York
November Beckenbauer erhält die **Ehrenmedaille der FIFA**

1984 **27.6.** Beckenbauer wird Nachfolger von Bundestrainer Jupp Derwall
12.9. Debüt als DFB-Teamchef, 1:3 gegen Argentinien in Düsseldorf

Letztes Spiel in Deutschland

Abschiedsspiel im Juni 1982 nach zwei Jahren HSV: Franz winkt mit den Ehrenspielführern Fritz Walter und Uwe Seeler (r.) und spielt ein letztes Mal in einem deutschen Stadion

1985 Das Buch *„Der Kaiser"* erscheint

1986 **Juni** WM in Mexiko, Beckenbauer wirft Torwart Uli Stein aus DFB-Kader, weil der ihn „Suppenkasper" genannt hat
29.6. **Vize-Weltmeister** nach 2:3 im Finale gegen Argentinien in Mexico City vor 114 800 Zuschauern
18.12. Bundesinnenminister Friedrich Zimmermann zeichnet Beckenbauer mit dem **Bundesverdienstkreuz 1. Klasse** aus

1987 **Oktober** Beckenbauers Buch *„Meine Gegner – meine Freunde"* erscheint

1988 **21.6.** Niederlage bei der EM im eigenen Land: 1:2 im Halbfinale in Hamburg gegen die Niederlande
Juni Beziehung zu DFB-Sekretärin Sybille Weimar wird bekannt

Niederlage in Mexiko

Franz hat keinen Blick für das herrliche Aztekenstadion: Nach nur zwei Jahren als Teamchef hat er Deutschland ins WM-Finale 1986 geführt – und verloren. Eine von 13 Niederlagen in insgesamt 66 Länderspielen unter Teamchef Beckenbauer

1989 **10.2.** DFB verleiht Beckenbauer die Trainer-Lizenz „ehrenhalber“ (Lizenz-Nr.: 891-1111)

1990 **11.1.** Scheidung von erster Ehefrau Brigitte (Trennung 1977) um 10.26 Uhr (Az.: 833 P 3840/88)
15.4. Hochzeit am Ostersonntag mit Sybille Weimar um 12 Uhr in Kitzbühel
8.7. **Weltmeister** in Rom durch ein 1:0 im Finale gegen Argentinien. Danach Rücktritt als Teamchef. Seine Bilanz: 66 Länderspiele, 36 Siege, 17 Unentschieden, 13 Niederlagen
18.9. Technischer Direktor und wenig später Trainer bei Olympique Marseille

1991 **29.5.** Marseille unterliegt im Champions-League-Finale 3:5 n.E. gegen Roter Stern Belgrad
30.6. Einvernehmliche Trennung von Olympique Marseille

September Hans Blickensdörfer veröffentlicht die Biographie *„Der Kaiser“*
25.11. Wahl zum Vize-Präsidenten des FC Bayern

1992 **8.6.** Anzeige wegen Körperverletzung, nachdem Beckenbauer nach einem Wortgefecht einen Autofahrer geohrfeigt hat, der ihm die Vorfahrt genommen hatte
September: Beckenbauers drittes Buch *„Ich – wie es wirklich war“* erscheint

1993 **7.5.** Sein zweiter Sohn Michael macht ihn zum ersten Mal zum Großvater (Enkel Benedikt)
28.12. Rückkehr auf die Trainerbank, nachdem der FC Bayern sich von Erich Ribbeck getrennt hat

1994 **7.5.** Als Trainer **Meister** mit dem FC Bayern. Am Abend im ZDF-Sportstudio Treffer an der Torwand, obwohl der Ball auf einem Weißbierglas lag
Juni: Beckenbauer moderiert bei der WM in USA seine eigene Fußballshow (Schau‘n mer mal) auf Premiere
14.11. Wahl zum Präsidenten des FC Bayern

1996 **29.4.** Zum zweiten Mal Bayern-Trainer, nachdem sich der Verein von Otto Rehhagel getrennt hat
15.5. Erster Gewinn des **UEFA-Cups** durch zwei Siege gegen Girondins Bordeaux (2:0/3:1).
Beendigung der Trainertätigkeit

1997 **1.12.** Umzug nach Oberndorf (Nähe Kitzbühel) auf einen Bauernhof

1998 **September** Beziehung zu Heidi Burmester, Mitarbeiterin der Bayern-Fanartikelabteilung
24.10. Wahl zum DFB-Vizepräsidenten in Wiesbaden
15.12. Vorsitz der Kampagne zur Bewerbung um die WM 2006

2000 **April** **Ehren-Doktortitel** der Universität Sofia
6.7. Erfolg der WM-Bewerbung 2006: FIFA-Präsident Blatter verkündet um 14.08 Uhr in Zürich: „And the winner is Deutschland!“
7.7. BILD titelt: *„Franz, wir setzen dir ein Denkmal!“*
17.8. Geburt seines vierten Sohnes Joel Maximilian (Mutter: Heidi Burmester)

2001 **Januar** Präsident des Organisationskomitees für die WM 2006
23.5. Bayern gewinnen **Champions League**

Stolzer Tag

7. Juli 2000: Deutschland hat die WM 2006 bekommen, BILD setzt Franz Beckenbauer auf Seite 1 ein Denkmal – auf den Tag genau 26 Jahre nach dem deutschen WM-Sieg von München

Franz, wir setzen dir ein Denkmal
Ja! Ja! Ja! WM 2006 bei uns
Freitag, 7. Juli 2000 80 Pf
Bild
Unabhängig · Überparteilich
HAMBURG
Dem deutschen Fussball-Kaiser Franz Beckenbauer zu Dank und ewiger Erinnerung
Hilft sparen
SUPER-BINGO
Tour de France: Telekom in Gelb
VW muss 176 Mio. Mark Strafe zahlen
30 Verletzte bei Gondel-Unglück im Allgäu
In Bestform!
Sonnenbrand? Sonnenallergie? Insektenstiche?
NACHRICHTEN
Herz-Arterien wachsen im Magen

gegen FC Valencia 5:4 n.E. in Mailand
28.11. Zweiter **Weltpokalsieg** mit 1:0 gegen Boca Juniors in Tokio

2002 **6.5.** Eröffnung seines Golf-Platzes in Bad Griesbach
13.7. Manager Robert Schwan stirbt an einem Herzinfarkt († 80)
25.7. Trennung von Ehefrau Sybille

2003 **28.10.** Geburt seiner ersten Tochter, Francesca Antonie (Mutter: Heidi Burmester)
14.11. Als Bayern-Präsident im Amt bestätigt

2004 **24.6.** Er gründet nach Bundestrainer Rudi Völlers Abschied die Trainerfindungskommission (TFK)
23.9. Beckenbauer und Pelé werden mit dem **Jahrhundert-Verdienstorden der FIFA** ausgezeichnet
1.11. Schwere Beckenprellung und drei Rippenbrüche nach Sturz in Badezimmer
18.11. Scheidung von Ehefrau Sybille

2005 **Juni** Das WM-OK unter Beckenbauer besteht beim Confederations Cup in Deutschland die Generalprobe für die WM
4.7. Ehrung in München durch Edmund Stoiber mit dem **„Persönlichen Preis des Ministerpräsidenten"** für seine Verdienste um den Sport und den Freistaat Bayern
11.9. Franz feiert seinen 60. Geburtstag

Die Fans hinter sich

Das beste Gespür für die Leistungen im Stadion haben die Fans auf den Tribünen. Franz Beckenbauer konnte sich auf sie verlassen

1964

1967

1971

Ein junges Gesicht bekam einen Charakter

Mit 19 war der Franz ein frischer, fröhlicher Bursch mit gewellten Haaren. Allmählich bekam das Gesicht Kontur, dazwischen auch einen Schnauzbart, und die Haare wirbelten. Als Teamchef trug er sie gekräuselt nach hinten

1972

1985

2005

Die silberne Kaiser-Krone

Die Frisur ist geblieben, ein bißchen weniger üppig und grau geworden. Aber das steht ihm gut, manche werden mit den Jahren sichtbar besser. Er trägt jetzt eine Brille, aber seine Weitsicht hat er behalten

BILDNACHWEIS

Der Verlag hat sich nach allen Kräften bemüht, die Inhaber von Bildrechten ausfindig zu machen. Für versehentlich nicht oder falsch angegebene Quellen bitten wir bereits im voraus um Entschuldigung. Die Rechtehalter werden gebeten, mit der BILD-Redaktion Kontakt aufzunehmen (Adresse siehe Impressum). Selbstverständlich sind wir gerne zu einer Nachhonorierung bereit. Den Bildnachweis werden wir in späteren Auflagen des Buches entsprechend korrigieren

L. Baader
10/11, 181, 184/185, 186/187, 203, 204, 208/209, 253

D. Baumann
78/79, 98

A. Blumenthal
34/35

Bongarts/Getty Images
168, 176/177, 179

DDP
210/211

DPA
190, 214, 226, 232, 233

Tobias Everke/Agentur Focus
155

GES
224, 225, 239

Hartung
6/7

Volker Hinz/Stern
32/33, 112, 122/123, 227, 234

Horstmüller
12/13, 58/59, 66, 67, 69, 70/71, 74, 85, 94/95, 128, 251

Imago
24/25, 88, 92, 103, 121, 181, 199, 217, 221, 250, 256, 257

Interfoto
149

F. Joch
46, 48, 49, 50/51, 52, 55, 65, 73, 101, 110/111, 112, 138/139, 157, 161, 162/163, 164, 165, 189, 204/205, 256

Herlinde Kölbl/Agentur Focus
30/31

H. Köpke
126

Kosecki
175

M. Kreft
222, 223

H. P. Kruse
112

Kubik
220

Daniel Mayer/Agentur Focus
231

Metelmann
68, 116, 120, 172/173, 180

Minkoff
171, 246

Mühlberger
72, 80/81, 108

People Pictures
170/171

Picture-Alliance/DPA
89, 148

Pixunited
2/3, 99, 190/191

Privat
16/17, 26/27, 39, 40/41, 42, 44/45, 47, 52, 53, 54, 56, 57, 98/99, 113, 116, 130/131, 140, 141 (2), 150, 158/159 (3), 166/167, 169, 213, 233 (2), 237, 252

Rauchensteiner
240

M. Rogman
161

S. M. Rother/Focus Magazin
14/15, 218/219 (2)

Schirner
77, 96/97

P. Schirnhofer/Agentur Focus
235

A. Schmidhuber
36/37, 43,

Harald Schmitt/Stern
206/207

Schneider-Press/Breiteneicher
171, 249

S. Simon
18/19, 28/29, 62, 69, 75, 76, 81 (2), 83, 90/91, 107, 120, 146/147 (2), 151, 152/153, 253, 255

Ch. Spreitz
4/5, 133, 134, 137, 226, 242, 243, 244/245, 247

Ullstein
22/23, 66, 82, 118/119, 141, 160

Werek
8/9, 63, 84, 86/87, 93, 104/105, 129, 142/143, 144, 154, 155, 156(2), 192, 200, 209, 228/229

Witters
60/61, 77, 88 (2), 93, 117, 124/125, 126, 127, 194/195, 196/197 (3), 241, Umschlag

ZDF
201 (2)